あの有名キッズチャンネルのもとちゃんが語る

心を強くする子育て

著 大河内基樹
（もとちゃん）

SOGO HOREI PUBLISHING CO., LTD

はじめに

登録者数１６０万人超えの大人気 YouTube キッズチャンネル「プリンセス姫スイートＴＶ（プリ姫）」。

僕は２０２０年春までの約2年間、「もとちゃん」としてプリ姫のいろいろな動画に出演してきました。

みなさんは僕に対して、「キッズ系ユーチューバー」、あるいは最近だったら〝スキャンダル〟で話題になった「大河内基樹」、というイメージを持っていると思います。

でも、人は誰しもいろいろな面を持っているもの。僕はキッズ系ユーチューバーとして活動する前は、長年子どもの教育に携わってきました。

「居場所のない中高生を温かく見守る場をつくりたい」

僕はその想いから、地元・東京都大田区で２００５年に非営利団体「ＣｏＣｏ（ココ）」を立ち上げます。その代表として、１０００人以上の学校に居心地の悪さを感じている子どもたちと向き合い、また彼らを見守ってきました。

大学では教員免許を取得しました。卒業後、体育の先生として中学校やフリースクールの教壇《きょうだん》に立っていたこともあります。

プリ姫に出ることになったのも、教育に携わっていたことがきっかけです。タレントとして活動していた２０１８年、東京ＭＸの番組でプリ姫の主役「ひめちゃん」「おうくん」と共演しました。

その時、２人のお母さん（「ママさん」としてプリ姫にも出演していた）に僕が教員免許を持っていることを話したところ、「２人の家庭教師をしてくれませんか？」と頼まれたのです。これが縁となりプリ姫にも出演するようになります。

このように、形はさまざまですが、長年子どもに関わる仕事を続けてきました。


本書では、そんな僕の**子育てに対する考え方、いまの日本の教育の現状、**そして、**子どもが将来幸せになるために本当に必要なものとは？**といったことを語っていきたいと思います。

もちろん、あれだけ世間を騒がせた〝スキャンダル〟についても真正面からお話しします。僕には後ろめたいことも隠したいことも何もありません。ネットではいまでも僕に関して根も葉もないことが拡散されていますが、真実はこの本の中にあります。

ただ、いくら自分は間違っていないと思っていても、いまのネット社会は恐ろしいものです。「真実」というものは簡単に歪《ゆが》められてしまいます。

本書では、そんなネット時代の真っただ中に生きる子どもたちが、本物の「生きる力」を身に付けるにはどうすればいいのか。大人はどうやってその手助けをすればいいのかをお伝えしていきます。

仕事に家事に子育てに、毎日忙しくてヘトヘトのパパ・ママ。自分が子どもの頃とは違う環境に育つ我が子の子育てに、悩みは尽きないものです。

本書は、そんなパパ・ママの悩みに、時に僕の体験を元に、時に子育てに関する調査や論文を引用しながら答えていきます。

子どもを取り巻く環境は、ここ10年で大きく変わりました。先輩パパ・ママの話や、偉い学者さんの話を聞くだけでは、とてもじゃないけど対応できなくなっています。
本書を読んで、「いま必要な子育て」をぜひ知ってください。

第1章 荒れていた学生時代から、芸能界に入るまで

第2章 子どもから感謝される子育て

第3章 子育ては本来楽しいもの

第4章 誰でも「カッコいいパパ」になれる!

第5章 子どもの中に「折れない芯」を育てる

ブックデザイン／木村　勉
DTP／横内俊彦
校正／池田研一

第1章

荒れていた学生時代から、芸能界に入るまで

CoCoのライブ
いつも最高に盛り上がった

抑圧に対して反発していた中学時代

子どもに関わる仕事をしたいと考えるきっかけは、学生時代に2度ありました。初めは中学入学後すぐに訪れました。母の手伝いでたくさんの子どもたちの世話をすることになったのです。

母は保育士として働きつつ、「全国父母の会連合会（父母連）」という、保育園に通うお子さんを持つ、保護者の会の事務局次長を務めていました。月に1度、保育園や学童保育が終わった19時くらいから、父母連の定期的な集まりがあります。そこに子連れで参加する会員のために、2時間ほど子どもたちを預かるのです。

「大切なお子様を預かるんだ」「丁寧に接しなければいけない」。初めの頃はいつもこんな風に緊張していました。でも、一緒に子どもを預かっていた年上のお兄さんは、全然違う態度で子どもと接していたのです。20人くらいの子どもたちを相手に、「ふざけんなよ〜」などと笑いながら軽くあしらいます。束になってじゃれついてくる子どもたちをポイッと床に転がして、ダイナミックに相手をしていたのです。

その姿はまるで、近所の〝ガキ大将〟。子どもたちはそんなお兄さんにとても懐《なつ》いていました。「こんな接し方をしてもいいんだ」と、恐る恐る子どもと接していた僕には驚きの発見でした。**子どもと上手に接するお兄さんの姿が、僕にはすごくカッコ良かったのです**。それから僕も、お兄さんを参考にして子どもたちと接し、少しずつ打ち解けていきました。

一方で学校では、中学2年生ごろから少しずつ先生に反発するようになりました。友だちはもともとたくさんいて、学校には真面目に楽しく行っていました。でも、僕の通っていた中学校は「生徒を締め付ける」タイプの学校でした。校則も厳しく、軍隊のように規律を重んじ、少しでも逆らうと教師たちがグーパンチで殴ってくることが日常だったのです。何を言われても黙って従わなければいけない、という雰囲気もありました。学校全体も荒れていたし、先生もそんな感じだったので、僕も少しずつ荒れ始めました。

それでもいまから思えば、中学校まではまだましだったと思います。ちょっと校則違反をする程度の可愛い反抗でした。髪を少し茶髪にしたり、禁止されていた白のセーターを着たりする程度です。

でも先生からは目を付けられてしまいました。水泳部では部長を務め、生徒会役員にもなっていた僕が、校則違反の目立つ格好をしていたことが許せなかったのでしょう。「風紀《ふうき》を乱すな」「おまえを干すぞ」などと怒鳴られて殴られました。そんなこと言われたら余計に頭にきます。校則なんて絶対守ってやるもんか、と思いました。

いま振り返ると、くだらない（と生徒は思う）校則だって、子どもに規律を守ることを覚えさせる、という意味では多少は必要な面もあるとは思います。でも中学生からすると、理由も教えてもらえずただ強制されているように感じます。「こんな校則は無意味だ」「守る必要なんてない」と思うのも自然なことですよね。

授業をさぼってトイレで1時間ぼーっと過ごしたり、先生に口答えして殴られたりする日々でした。

荒れてはいても水泳部の活動には打ち込んでいました。水泳は中学生になって始めたのですが、どんどんタイムが伸びて楽しかったのです。「個人メドレー」で東京都大田区の大会記録を塗り替えたこともあります。部活という「学校に行く理由」があったので、不登校になることはありませんでした。

高校の頃は「ヤンキー」だった

そんな僕ですが、高校に入学した途端に本格的に荒れていきました。恥ずかしながら、「ヤンチャ」を通り越して、いわゆる「ヤンキー」になったのです。

高校に入って1週間後には職員室に呼び出されました。

理由は、窓ガラスを割って屋上に上がり、そこで仲間たちとタバコを吸いながら弁当を食べたからです。メチャメチャですよね（笑）。

中学校とは違い高校には「熱血先生」が一人もいませんでした。高校の先生たちはすべてを諦めていたのか、生徒たちに対してアクションを取らない、その一方で言葉の暴力がひどい、という人たちでした。

僕のクラスは完全に「学級崩壊」していました。教室の前のほうに座っている生徒だけが授業を聞き、後ろはまったく聞いていません。ゲームをしたり、化粧をしたり、挙句《あげく》の果てにはキャッチボールをしたり（！）。それでも先生は注意もせずに、淡々と授業を進めていました。

ヤンキーの生徒はトイレでタバコを吸います。トイレが喫煙所のように煙でいっぱいになる中に先生が入ってきても、何も注意せずに用を足して、そのまま出ていきます。尊敬できる先生なんて一人もいません。僕のヤンキー化は一気に加速しました。髪を金髪に染め上げ、バイクの免許を取って禁止されていたバイク通学を始めました。

金髪にしたことに対して両親はもちろん反対でした。でも両親の口癖《くちぐせ》は昔から「**他人に迷惑をかけない、法律を犯さないならば、後は自分の責任**」でした。金髪でバイク通学をする僕をよく思わない先輩からボコボコに殴られても、自分の行動が招いた結果です。ならばその責任は自分で負わなければいけない、という考え方です。

僕は男三兄弟の真ん中です。僕が荒れるにつれて、だんだん兄弟との仲も悪化していきました。そんなこともあり、高二で家を出てアパートで一人暮らしを始めました。

すぐにヤンキー仲間の友だちの溜まり場となり、一緒に暮らしているかのような日々が始まりました。学校が終わったらみんなが家に来て、お酒を飲みながら盛り上がる。そのままみんなで雑魚寝《ざこね》して、起きたらまた学校へ行く。当時はそれが本当に楽しかったです。

家賃や生活費は、コンビニの夜勤のバイトで稼いでいました。食事は消費期限が過ぎたコンビニ弁当をもらってきて、まかなっていました。金髪でもレジに立てるコンビニだったので、時給はすぐ隣のコンビニよりもだいぶ安かったんですけどね（笑）。

夜勤後の授業はとてもキツかったです。ただでさえ眠たくなる授業なのに、半端《はんぱ》じゃないくらい眠い。だんだん、5時間目の終わりくらいに学校に行って、部活だけして帰るようになりました。そんなことを繰り返していたので、単位が足りなくなり留年してしまいました。

荒れていた高校時代ですが、水泳部の活動は順調でした。都立高校の大会で3位になったり、ジュニアオリンピックという全国大会に出場したりしました。得意種目は個人メドレーと自由形です。

当時、僕の2学年上に、オリンピック金メダリストの北島康介さんがいました。大会で一緒に泳いだ時は彼がダントツ1位で、さすがに歯が立ちませんでした。

水泳は野球やサッカーなどと違って、実力の差がタイムで一目瞭然《いちもくりょうぜん》です。金髪のヤンキーでも、顧問から嫌われていても、記録を出していれば大会に出ることができました。

都立高校だったので、顧問の先生は水泳のシロウトです。顧問なしでは同好会に格下げされてしまうから、という理由で就いていただけでした。実際、水泳を教えてもらうこともありません。

練習メニューをつくるのも、指導するのも先輩です。OB・OGもよく練習を見に来てくれていました。2年生の途中から僕が部長になり、3年生で引退するまで部員全員の練習メニューをつくりました。

でも、留年をして高校4年生になった途端に顧問から逆襲されます。後輩の練習を見に部活に行っても、「おまえは来るんじゃない。おまえは水泳部にとってがん細胞なんだ」などと、罵声《ばせい》を浴びせられました。

いまから思えば、それも悪さをしていた自分の責任なのかもしれませんね……。

高校時代には警察にも何度かお世話になりました。

仲間内のルールで、一般の方には迷惑を掛けないよう心がけていました。一般人相手のカツアゲは絶対にしない、シンナーや薬物には絶対に手を出さないなどといった暗黙のルールがあったのです。とはいえ、自転車を盗んだり、友だちがバイクを盗んで無免許で乗っていて捕まったりということはありました。

警察に補導《ほどう》される理由として一番多かったのはケンカでした。

僕は大田区の蒲田《かまた》出身です。「蒲田はあまり治安が良くなさそう」と言われることがよくありますが、あながち間違いとは言えません……。

蒲田でヘルメットを被らずに原付バイクで走り回っていると、別のヤンキーチームから囲まれることがよくありました。それがケンカに発展します。マンガ『今日から俺は!!』、『ろくでなしBLUES』、『クローズ』のような世界です。いまとなっては本当に恥ずかしい黒歴史ですが、当時はそれがカッコいいと思っていました（笑）。

そうして警察に補導されるたびに、親が呼び出されました。悪いことをしたのに一切頭を下げない僕の横で、**何も悪いことをしていない母が代わりに頭を下げるのです**。その姿を見るたびに、ちょっとずつ心に小さなトゲが突き刺さっていくようでした。

普段は一人暮らしなので、警察に呼び出された時にだけ久々に母と会う、という感じです。「いい加減、家に戻っておいで」と諭《さと》されては「戻る気はない」と口ゲンカをしてしまいました。あの頃は、本当に心がすさんでいました。

荒れた生活の中で見つけた「夢」

一緒に「ヤンキー」をしていた友人たちは、2年生になるまでには全員高校を辞めてしまいました。仲間がいなくなって、自主退学が頭をよぎったこともあります。でも先生たちへの反発心から辞めずに済みました。彼らは僕と顔を合わせるたびに「おまえはなんでまだ高校にいるんだ？」「どうして辞めないんだ？」と、冷ややかに嫌味を言ってくるのです。そう言われると逆に、「絶対辞めてやるものか」と思うようになりました。

この頃、子どもに関わる仕事がしたいと思うようになる2つ目のきっかけが訪れました。新しく着任した若い非常勤の先生が僕を心配してくれて、「授業を受けなくてもいい、学校に来るだけでいいから来いよ。**このまま辞めたら、あの先生たちの思うツボだぞ**」「高校を中退したら、将来のキャリアの選択肢がなくなってしまうぞ」と言ってくれたのです。

僕の態度が悪かったにせよ、いままでは抑え付けられるか、見下されるばかりだった僕にとって、こんなふうに親身になってくれる先生は初めてでした。

次第に、「高校は絶対に卒業しよう。そして、僕や友人たちのようにアウトローな道を歩んでしまった子や、学校に行けない不登校の子たちを、温かく受け入れられる先生になりたい。そんな子たちの居場所をつくりたい」と考えるようになりました。僕たちアウトローな生徒に一切向き合わなかった先生たちを反面教師にして、**「学校に来るだけでいいから来いよ」と言えるような先生になりたい**、と思ったのです。

そこで、得意なスポーツを生かして、体育教師を目指すことにしました。

親身な先生の存在と、新しくできた夢のおかげで、仲間のいなくなった高校生活を乗り切ることができました。

体育教師になるため、高校4年生の時にダメ元で大学受験をしました。

先生たちからは「おまえなんかには無理だ」と突き放され、予備校に行くお金もなかったので、独学で受験勉強をしました。でも現実は甘くありません。数校を受験しましたが、結果はすべて不合格でした。

高校を4年間で卒業した後、もう1年間だけ、と赤本や参考書を買ってきて独学を続けましたが、残念ながら2度目も結果は全敗でした。

体育の教員免許が取得できる学部の受験では、必ず実技試験があります。マット運動、ボール競技、100メートル走、高跳び、垂直跳びなどです。他の受験生は予備校で実技の練習もできるのですが、僕は試験当日に競技のルールを知る、といったありさまでした。体育大学や体育学部に進むための専門の予備校に通った受験生たちとの差は、すっかり開いていました。

孤独な勉強を頑張れた原動力は、母の存在でした。

散々迷惑をかけた高校生活でしたが、**僕の卒業を母はとても喜んでくれました**。その喜びようには先生も驚いたようで、卒業文集にもそのことが書かれていました。どれだけ反発しても、こんなに僕のことを気に掛けてくれる母を悲しませてはいけない。

迷惑をかけ続けてきた母への想いと、僕みたいなアウトローな子どもを受け入れられる先生になりたいという夢のおかげで、僕は受験勉強を頑張り続けることができたのです。

でも結果は2年連続で全敗。どうやって夢を叶えたらいいのか……。

途方に暮れていたその頃、あるパンフレットの存在を思い出しました。最初の受験の帰り道に受験校の前で配られていた、スポーツインストラクター養成の専門学校のパンフレットです。その専門学校には、2年間通った後に大学の3年次へ編入できるシステムがある、といったことが書かれていました。そこで、まずはその専門学校に入り、スポーツインストラクターの勉強をしながら体育大学への編入を目指すことを決めました。20歳の春のことでした。

専門学校生、芸能人、「CoCo」代表という三足のわらじ生活

スポーツインストラクターの専門学校に進むことは両親にも伝えました。「**おまえがよく考えて決めた道なら、自分で責任を持って進みなさい**」と見守ってくれました。放任主義のように思われるかもしれませんね。でも、両親はいつも僕の背中を押してくれるありがたい存在だったのです。

専門学校に入学直後、いまの僕を形づくることになった大きな出来事が、立て続けに2つ起きます。

一つは非営利団体の立ち上げです。のちほど詳しく述べますが、居場所のない子どもた

ちのための団体「ＣｏＣｏ」を立ち上げました。

もう一つは、芸能界に入ったことです。街でのスカウトがきっかけで、特に断る理由もなかったので誘いに乗ることにしました。悪徳な事務所は、登録料やらレッスン料やらで、スカウトされた側がお金を払うよう強要してくると聞きます。でも僕をスカウトしてきた事務所はそんなことはありませんでした。こちらからは1円も払うことなく、仕事をした分だけギャラが支払われる、というきちんとした契約でした。

この頃もずっと一人暮らしでしたし、専門学校の学費も稼ぐ必要があったので、まあやってみようかな、という軽い気持ちで始めました。

最初はサーフィン専門誌、ファッション誌などのモデルの仕事が中心でした。他にも、東宝映画で長澤まさみさんや速水もこみちさんと共演したり、不動産賃貸業「レオパレス21」のＣＭで藤原紀香さんと共演したりと、順調な滑り出しでした。

こうして、専門学校生、芸能人、「ＣｏＣｏ」代表と、「三足のわらじ」生活が始まりました。撮影のある日は教科書を持って現場に行き、遅刻しながら専門学校に行って、学校が終わったらＣｏＣｏに顔を出す、といったとても多忙な毎日でした。

非営利団体「CoCo」を立ち上げる

非営利団体ＣｏＣｏを立ち上げたのは、高校4年生の頃に大田区の「子ども交流センター」という学童保育のスタッフになったことがきっかけでした。

その頃、廃校になった「大森第六小学校」再利用の呼びかけが、大田区から区内の各団体に出ていました。そこで子ども交流センターが「小学生向けの児童館を立ち上げたい」と手を挙げたのです。

僕も**以前からの夢だった「中高生の居場所づくり」**を実現させるため、「ぜひ中高生部門も設置させてください、そして僕に担当させてください」と名乗り出ました。こうして「子ども交流センター」は、0歳から高校生までの幅広い年齢の子どもたちが利用できるようになったのです。

立ち上げにあたっては改装工事の段階から参加しました。「子どもたちがバンド練習をできるように防音スタジオを作りたい！」「ダンスの練習ができるように大鏡を設置したい！」と、どんどん要望を出して予算を取っていきました。

こうして、大森第六小学校は２００４年に「こらぼ大森」として生まれ変わりました。旧校舎の1、２階には協働支援施設、シルバー人材センター作業所などが、３、４階には「子ども交流センター」が入りました。

僕としては、見た目がちょっと怖い、世間では「不良」と呼ばれてしまう子どもたちにも利用してほしいと思っていました。でも、小さい子どもを預ける親御さんの不安もわかります。そこで、３階を乳幼児と小学生専用に、４階を中高生専用にと、すみ分けをきっちりとさせました。

「子ども交流センター」にやってくる中高生はどんどん増えていきました。学校になじめない子や家庭に居場所がない子たちです。関わるスタッフも増えていったので、子ども交流センターの中高生部門を「ＣｏＣｏ」として独立させることになり、僕が代表に就いたのです。

「ＣｏＣｏ」という名称には2つの意味があります。

一つ目は、「ここに集まれ！」の「ＣｏＣｏ」。「誰でも来ていいよ！」「気軽に来てね！」の意味を込めました。

二つ目は、「Ｃｈｉｌｄ」の頭文字「Ｃ」に「ｏｔｏｎａ（大人）」の「ｏ」で「ＣｏＣｏ」。**あくまで主役は子ども**なのでＣを大文字に、陰で子どもを支える存在の「ｏｔｏｎａ（大人）」のｏは小文字で表しました。

こうして、子どもたちの居場所「ＣｏＣｏ」が誕生しました。

ＣｏＣｏで一番大事にしていたのは「**スタッフが子どもたちの『メンター』な関係になる**」ことです。メンターとは、先生や親のような上下関係でもなく、友だちのような横の関係でもない、「斜め上」の関係にいる「近所のお兄さん・お姉さん」のような存在です。

そういうメンターのような関係のお兄さん、お姉さんたちがいる場所は、核家族化が進み、地域のつながりも薄れつつある現代の子どもたちにとって、すごく大切なのではないでしょうか。

それまで大田区には、学校以外に中高生の受け皿となるような場所がありませんでした。当時、ＣｏＣｏの取り組みは画期的なものだったのです。次第に大田区の他の児童館も、中高生の受け入れを始めるようになるなど、いい変化が起きていきました。

CoCoの活動内容

ＣｏＣｏでは日々、さまざまなイベントを開催しました。ギターやドラム教室を開いて、その成果をライブで披露したり、料理や食事をしながらおしゃべりする「しゃべり場」を開いたりと、子どもたちが主体となった活動です。他にもスポーツ大会、勉強会、ボランティア活動なども行いました。

でも、ＣｏＣｏに来る子どもたちは必ず参加しなければならない、なんてことはありません。**CoCoは彼らにとってただの「居場所」**です。本人がやりたくなければ、何もしなくても構いません。彼らの居場所が大人の目の届く範囲にあることが大事なのです。それだけで、暴力沙汰や売春など、夜の街に潜む危険から子どもたちを守ることができます。

ＣｏＣｏを始めたばかりの頃は試行錯誤《しこうさくご》の連続でした。どうやって子どもたちと関わったらいいのか、どの距離感で接すればいいのか、わからないことだらけでした。

子育てや教育に関する本も読み漁《あさ》りました。でも、本によって言っていることがバラバラです。何においても、賛成の意見もあれば反対の意見もあるのですね。何が正しいのかわからずに、1、2年間は模索し続けました。

はじめは子どもたちに、「あれをやって」「これをやろう!」などと言ってしまっていました。でも上から指図をすると、子どもたちはやる気を起こしません。ダラダラとやったり、ちょっと目を離したすきにすぐにさぼったりします。

反対に、僕が1人で楽しそうに行事の準備やボランティアなどをしていると、子どもたちは興味を持ちます。「なんかやることありますか?」と向こうから進んで聞いてくれるようになりました。特にヤンチャな子たちは、**僕が背中を見せることでついてきてくれます**。

それがわかってからは、誘うのではなく告知をするだけにしました。「今度こんなボランティアがあります。自分は行くので、一緒に来たい人がいたらどうぞ」と言うくらいで、ほとんどの子たちが参加してくれました。

また、子どもたちの家庭のことを僕から聞くことは、しないように意識しました。でも、子どもたちが自分から話してくれた時は全力で聞きます。例えば「新しい仕事が決まったよ!」なんて嬉しそうに話をしてきたら、「どんな仕事なの? いまどれぐらいのペースで働いてるの?」と一生懸命に聞きました。**徹底して聞き役になる**ことで「ＣｏＣｏが君の居場所なんだよ」と伝えたかったのです。

こうしてだんだんと、彼らと「メンターな関係性」を築くことができました。

ＣｏＣｏは、ごみ拾い、お祭りの準備など、大田区でボランティア活動があれば何でもやりました。２０１１年の東日本大震災の際は、大田区主催のボランティアバスツアーで、被災地へがれき処理にも行きました。

アウトローな子たちであっても、意外と楽しみながらボランティアに取り組んでくれるものです。高校をドロップアウトしてしまったような子も、軍手などを自分で用意して、朝早くから参加してくれました。

「やりがい」というものは人にとって本当に大切なんだなと、子どもたちと触れ合う中で感じました。社会に自分の居場所があること、**ここにいていいんだよ、と存在を認めてもらえることが大切**なのです。僕が高校生の頃に先生たちから「なんでまだ学校にいるんだ」「早く辞めろ」などと散々言われたのとは真逆です。

彼らにはそれまで安心できる居場所がなかったのでしょう。中高生に開放する月・水・金曜日の決まった時間になると、必ず同じメンバーが集まってきました。

子どもたちとボランティアをする様子は、地元のケーブルテレビでも何度か取り上げてもらえました。金髪で上下スウェット姿の子や、ハローキティのサンダルをつっかけている子が、街中でゴミ拾いをする姿がなかなか目立ったのでしょう。

だんだんとCoCoは大田区で有名になっていきました。当時の大田区長から「大田区の若者を率いているのは大河内くんだ」と言われるようにもなりました。

CoCoと芸能活動を続けながら、大学へ進学

2年間の専門学校生活も終わり、2007年の春、ついに念願だった大学入学が叶いました。当初は3年次から編入する予定でした。でも、僕が希望していた帝京大学では、当時はまだ編入生が教員免許を取ることができなかったのです。そこで通常の入試を受けて、1年次から入ることに決めました。すでに編入試験にも受かっていたこともあり、僕の実家にはいまだに大学の合格証書が2枚あります（笑）。

以前はダメダメだった実技試験も、スポーツインストラクターの専門学校に通っていたので楽勝でした。

こうして始まった大学生活。まだＣｏＣｏの代表も芸能活動も続けていたので、はっきり言って忙しすぎました。まさに「地獄」のような日々。サークル活動などもまったく参加できず、**想像していたキャンパスライフとは程遠い**ものでした。

東京都八王子市にある帝京大のキャンパスへは、大田区から電車とバスを乗り継いで片道2時間半ほどかかります。でも、月・水・金は大田区でＣｏＣｏの活動があるので、やむなく大田区から通うことにしました。往復で1日に5時間です。

親を頼りたくなかったので、芸能活動で稼ぐギャラを入学金や学費に充てました。私立なので学費も高額なことに加え、定期代も馬鹿にならず、もう死に物狂いです。

食費を浮かすために朝から家でお弁当を作って、大学に行って学ぶ毎日。教員免許を取るためには他の学生よりも25単位多く取得しなければならず、7限目がある日もありました。課題も膨大《ぼうだい》な量です。1限目から授業のある日は、朝6時には家を出ないと間に合いません。

卒業してから10年近く経ったいまでも、月に一度は「1限に遅刻だ！」「単位を落としてしまう！」と、悪夢にうなされるほどです……。

大学での学びがＣｏＣｏの活動に役立った面もありました。児童心理学や、若者の非行に関するゼミなどです。これらのゼミでは、ゼミ長も務めました。

ただ他の授業に関しては、もちろん教職には生かせるのでしょうが、僕が実際にＣｏＣｏで行っていた活動にはどうも役に立たないように感じました。なぜ違和感を覚えたのか？　おそらく教員免許を取るための授業は、基本的に**挫折を味わうことなく生きてきた「真面目な子」に対する授業のやり方しか教えない**からです。僕がやりたいと考えていた、アウトローな子たちを教え育てるやり方とは、ちょっと違いました。

そう考えると、現場の先生たちがアウトローな子たちにどう接すればいいかわからないのは、大学時代にその方法を学べなかったからなのではないでしょうか。まっすぐ真面目に育って学校の先生になった人たちは、アウトローな子たちの気持ちを理解できないのです。僕に対して、見下すようなことばかり言ってきた先生たちの態度も、ある意味仕方がなかったのかもしれません。

ＣｏＣｏの活動がある日は、大学の後に大急ぎで向かいますが、どうしても開始時間には間に合いません。それでも子どもたちの面倒を見るのは、僕自身がやりたいことでした。

また、**「僕がやらなかったら誰がやる」という使命感もありました。**なぜなら、単純に指導員の数がまったく足りていなかったからです。

夜に大田区の大森近辺を歩くと、僕がＣｏＣｏで受け入れている子どもたち以外にも、居場所のない子どもたちが街にあふれているのがよくわかりました。夜中にコンビニや公園にたむろしている顔なじみのない子たちがたくさんいたのです。

「この子たちも、自分がＣｏＣｏで受け入れられれば」と思いながらも、そういう所があると知らない子、もしくはそういう所に行くのがカッコ悪いと思っている子たちが、まだたくさんいるのが現実でした。ＣｏＣｏのような、誰でも来られる居場所を増やすことと、アウトローな子たちも温かく迎え入れ、メンター的な関係性をきちんと築ける人を増やすことが必要だ、と痛感しました。

指導員を増やすとともに、指導員を教育する場をもっと増やしてほしいと、大田区に何度も訴えましたが、すぐには解決できませんでした。区には、児童相談所さえもパンク状態で足りていなかったのです。児童館などの居場所も足りなければ、指導員も足りないという状況がずっと続いていました。

大田区青少年問題協議会委員

子どもたちのために声を上げ続けていたこともあり、大学３年生だった２００９年に区長の推薦《すいせん》で**「大田区青少年問題協議会委員」に抜擢《ばってき》**されました。大田区が、若者に関する条例を策定《さくてい》するための委員です。２年の任期終了時に再任され、２０１２年までの２期４年間務めました。

区長を筆頭《ひっとう》に、警察署長、小中学校の校長会会長、ＰＴＡ連絡協議会会長などが集まる場です。公募委員は２名で、そのうちの１人が僕、もう１人が年配の大学教授でした。僕の他は、いわゆる「お偉いさん」ばかり。区長も思い切ったことをしたものです。

委員になってすぐに感じたことは、年配の世代との考え方の「ズレ」です。

僕が「若者の居場所づくりが大切だ」と意見を述べると、例えば校長会会長は「わが校は部活動に力を入れているから、若者たちに居場所がない、なんてことはない」と平気で主張してきます。僕もひるまず「部活動に入っていない子たち、学校に行けていない子たちの居場所はどこにあるのでしょうか？」と返します。

すると今度は警察署長が「うちの署には、自由に出入りができるロビーやくつろぎスペースがあり、若者の居場所はつくっている」と言ってきます。僕は呆気《あっけ》にとられ「放課後に警察署のスペースで遊びたい子なんていますか?」と答えます。**残念ながら、子どもの気持ちをまったくわかっていない**のです。

ズバズバと意見を言う若造《わかぞう》でしたが、そんな僕にも委員のみなさんは優しく接してくれました。大学で中学校教諭・高等学校教諭の一種免許を無事に取った際には「うちの学校の採用試験を受けに来ないか」、などと誘ってくれたりもしました。悩みはしましたが、正規の教員になったらその仕事に専念しなければなりません。ＣｏＣｏの代表も、芸能活動も続けたかったので、申し出は断り非常勤講師になることを選びました。

非常勤講師としての2年間、葛藤《かっとう》の日々

大学を卒業後は、中学校や、学校になじめない子どもたちが通う「フリースクール」を数校掛け持ちしながら、体育を教える非常勤講師となりました。

子どもと打ち解けるのは得意分野。生徒たちとは着任してすぐに仲良くなりました。コ

ツはとにかく早く名前を覚えてしまうことです。特に、グループのリーダー格を最初に覚えて仲良くなり、そこから徐々に他の子たちの名前を覚えていくことがポイントです。

接し方もそれぞれの子に合わせて変えます。ちょっとおとなしい子には、グイグイ間合いを詰めると怖がられてしまうので、あくまで優しく接します。虫を見ている子がいたら、「何見てるの?」と一緒に見るだけでもいいのです。ヤンチャな子には同じようにヤンチャな感じで接すれば、すぐに仲良くなれます。

子どもたちの話題に入れるように、ゲームやマンガなどで子どもに人気のものはあらかじめリサーチします。休みの日には、当時流行っていた『金色のガッシュ!!』を読んだり、「ポケモン」を全種類言えるように勉強したりしました。

ただ、そうしてCoCoの時のように生徒と「メンター」な関係で接していると、他の先生たちから注意を受けるようになりました。**理由は、「生徒たちと距離が近すぎる」から。**「もっと先生としての威厳を持つように」「ちゃんと叱ることを覚えるように」と言われたのです。

例えば僕は、板書《ばんしょ》をしている時に書き間違えたりすると、「あ、ごめんなさいね〜」などと言ってしまいます。もともとしゃべり方がちょっと「オネエっぽい」と言われることもあり、つい柔らかい言い方になってしまうのです。それを見た他の先生からすると「書き間違えたぐらいで生徒に謝るなんて、意味がわからない」となるわけです。

また、「○○君、静かにしてね」「次は○○しましょう」といった話し方もダメ。「生徒は呼び捨てにしろ」「生徒に敬語は使うな」ならまだいいほうですが、「叱る時は怒鳴れ」などと注意されることもありました。

先生たちの中では、先生は威厳《いげん》のあるもの、いけないことをしている生徒には怒鳴る、といった教師像があり、それが当然になっていたのです。僕は給料をいただく身です。「先生は生徒にとってお友だちじゃないんだよ」と言われたら、そのルールには従わなければいけませんでした。

渋々言われたとおりに、体育の授業のランニング中に生徒がダラダラしていたら「手を抜いて走るな!」などと怒鳴るようにしました。それまで優しく接していたのに、急に怒鳴り始めたのです。生徒が僕に不信感を抱くのも当然でした。いままで懐いてくれていた子も、急によそよそしくなったり、僕のことを怖がったりするようになりました。

やっとの思いで就くことができた教職でしたが、**次第に僕の中で葛藤が生まれていきました。**

もともと僕には理想とする教師像がありました。僕の高校生活を支えてくれた非常勤の若い先生のような、学校に行けない子や、学校を辞めてしまいそうな子、他の教師が手をつけられないような、アウトローな子などの良き相談相手になれる先生、というものです。しかし**実際に教師となってみたら、思っていたようにはできません。**赴任先《ふにんさき》の中学校も僕が通っていた中学校と似て、大げさに言えば軍隊のように規律を重んじる学校でした。僕の理想を、他の先生たちに理解してもらうことが難しかったのです。

モンスターペアレント（モンペ）の問題にも頭を悩まされました。詳しくは3章でお話ししますが、モンペに加えてＰＴＡ、教育委員会など、保護者や世間から見えないところで先生は板挟みになることばかりです。

その上、授業カリキュラムを終えるには時間が足りず、生徒に教えること以外にも仕事はたくさんあり、ロボットのように延々とひたすら業務をこなす日々でした。思い描いていた理想と、直面した現実のギャップはとても大きかった……。先生を目指していた時のあの「夢」はどこにいってしまったのだろう、と虚《むな》しくなるような日々でした。

もちろん、先生になりたての自分にも直すべきところは多く、正しい指摘もありました。

でもいま振り返れば、自分らしさを消してまで組織の論理に従わなくてもよかったのでは、と思います。**僕には僕のやり方があって、ありのままの自分で理想の先生を目指してもよかった**のです。僕のやり方を他の先生に押し付けるわけではなく、それぞれの先生が自分らしくやっていけばいい、と思います。厳しく言う先生も必要ですが、全員が厳しい必要はありません。生徒を優しく受け入れてあげられる先生も必要なのです。

いま、当時の自分に声を掛けるとするならば、「**自分らしく、そのままでいいんだよ**」と言ってあげたい。

そうして、憧れ続けた「先生」という仕事は、2年で辞めることになりました。

教師を辞めCoCo代表も引き継ぐ

非常勤講師を辞めても、ずっと続けていたＣｏＣｏ代表としての活動や、モデルやタレント、司会業などの芸能活動と、やることはたくさんありました。初めのうちはＣｏＣｏがメインでしたが、アーティスト活動を始めてからはそちらがメインになりました。嬉しいことにファンがどんどん増えていったのです。

僕がやっていたのは「カモンジョック！」という2人組の音楽ユニットです。**相方の「平八郎ファンクZ」と初めて出会ったのは、なんと大田区の区長室でした。**

相方は当初「大田クルー」というヒップホップグループを組んでいました。メジャーデビューしており、有名なテレビの歌番組にも出るようなアーティストでした。ちなみにリーダーが大田区出身だから「大田クルー」という名前になったそうです。単純ですね（笑）。

ある時大田クルーが、大田区でフェスをしたいと大田区長に直談判しました。そこで区長が「大田区の若者を率いている大河内くんという子を紹介します」と、僕と大田クルーを引き合わせてくれたのです。

それからも、僕がフェスの司会をしている時など、出演者として来ている相方とたびたび顔を合わせるようになり、２０１３年に「カモンジョック！」を組むことになりました。「元タレントモデルと元大田クルーの異色ユニット」というキャッチコピーで売り出し、活発に活動するようになります。ツアーで全国の「Ｚｅｐｐ」を回ったり、ジャパンエキスポの日本代表として、台湾、タイ、スリランカなど、いろいろな国でライブを行ったりしました。アーティスト活動が忙しくなったので、ＣｏＣｏの代表は僕の弟に引き継ぎました。「カモンジョック！」としての5年間は、とても充実した、まさに「駆け抜けた」日々でした。

「カモンジョック！」の活動休止後、僕はプリ姫と出会います。プリ姫との間で起きたことは5章でお話しします。いまは「クラスター」というYouTubeチャンネルで活動したり、実業家としてコンサルティングや不動産投資業を行ったりしています。

CoCo卒業生たちの声

K・Tさん

　CoCoはアットホームな雰囲気の**居場所を提供してくれるところ**でした。私は一人っ子の鍵っ子だったので、CoCoに行くと姉や兄がたくさんいるようで、遊んでもらえてうれしかったです。

　一番の思い出は、みんなの誕生日イベントです。本人には内緒でそれぞれの好みに合わせたケーキを作り、お祝いします。そして最後は必ず「顔面ケーキ」をするのがお決まりでした。ケーキを顔に投げ付けるか、顔をケーキに押し付けるかという、非常に愉快なイベントでした。顔がベタベタになるので、**洗面所にクレンジングが常備されている、不思議な団体でした**（**笑**）。

　CoCoには音楽スタジオがあり、年に4回ライブを行っていました。中学生の頃から利用していた私は、高校で軽音部に入り、部の友だちも連れて来て、青春時代の多くの時間をCoCoで過ごしました。

ＣｏＣｏは学校とは違い、**集まりたくて集まっている人たちの居場所**です。高校生でも、イベントの企画、提案、実行、実現までを手掛けます。「こんなことをしたい！」「こういうのはどうだろう？」という個々の意見をきちんと受け入れ、実現してくれました。ＣｏＣｏでは「大勢の中の一人」ではなく、「私個人」として扱ってもらえました。そして「自分はこんなに素敵なＣｏＣｏに所属しているんだ」という思いが、良い意味での自尊心にもつながっていました。

高校卒業後もＯＧとしてＣｏＣｏに通いました。いつの間にか見守られる側から見守る側に変わりましたが、劇的な変化はなかったですね。強いて言うなら「このクソ生意気な高校生たちをまとめてたのマジですげぇ」ということでしょうか。もっくん（大河内さん）をはじめ、スタッフのみなさんがどれだけの言葉を飲み込んでくれていたのかと思うと、頭が下がります。

もっくんは企画力がすごく、天性のリーダー気質で、**自然と人が集まるカリスマ的存在**でした。高身長でフレンドリーでイケメン。いまだから言えますが、もっくんを好きになってしまう女の子が多すぎて（私は例外でしたが）、見ているこっちはハラハラしたものです。

ただ最近はＣｏＣｏの利用者やスタッフが減ってしまい、活動規模も縮小してしまっています。私は夫とＣｏＣｏで出会ったので、なんとか恩返しができればといまもＣｏＣｏで働いています。夫と出会った場所がなくなってしまうのは悲しいですしね。

また、もっくんがいた頃のような、活気あふれるＣｏＣｏを復活させたいです。

Ｔ・Ｋさん

僕は高校を辞めてしまい、アルバイトもしていなかったので、**ＣｏＣｏが人生の中心でした**。僕にとっては学校のような存在。ＣｏＣｏの時間以外は暇で、いつも始まるのを待っていました。

ＣｏＣｏは仲間がどんどん増えていく最高のグループでした。ＣｏＣｏでのすべての出来事が僕にとっての「一番の思い出」です。ＣｏＣｏがきっかけで付き合い始めた彼女とは、いまでも一緒に住んでいます。

気が付いたら自然とボランティアスタッフとして「見守る側」になっていました。スタッフといっても楽しいことばかりで、思い出がありすぎてここには書ききれないほどです。生意気な子が来るとイラッとすることもありますが、僕自身も昔は生意気なことをたくさん言っていたので、こんな感じだったのだなと気付かされました。

もっくんはどんな子に対しても笑顔で、すぐ仲間に引き入れていました。カリスマ性があって、僕も含めてどんなヤンキーや問題児も、もっくんに対しては反抗しませんでした。男子にとっては憧れの存在、女子にとってはカッコいいお兄さん、といった感じです。もっくんを中心にどんどん人が集まる、**「引力がすごい人」**だと思います。

もっくんがいなくなってからCoCoは一気に休眠状態になってしまいました。もっくんは大黒柱として必死にグループを支えていたんだなと、改めて気付かされました。

S・Kさん

CoCoは、中学生の利用者から社会人のスタッフまで、さまざまな年代の人たちと交流ができる貴重な場でした。くだらない会話も交えながら真面目な会議を行ったり、お互いの得意なことを教え合ったり、進学や就職の悩みを相談し合ったりと、お互いに支え合って活動をすることができました。学校とは違い、年齢、性別、職業、趣味がバラバラだからこそできたことだと思います。

CoCoでの一番の思い出は、工作室で行ったライブです。体育館を使用した大規模なライブも楽しかったのですが、工作室を自分たちの手でライブ会場に変えていく過程がアットホームで、文化祭のような雰囲気を楽しめました。

スタッフとして通うようになってからも、この工作室で行うライブは楽しみでした。ライブ当日の片付けは子どもたちと行いますが、その翌日にはスタッフだけできっちりと清掃をします。「**あのバンドは盛り上がっていたなぁ**」なんてことを話していると、だんだんとセンチメンタルな気持ちになります。昨日まではライブハウスだった場所がまたいつもの工作室に戻ってしまい、なんだか物悲しかったですね。次のライブが待ち遠しかったのを覚えています。

もっくんは、子どもたちやスタッフをまとめて引っ張っていくカリスマ的な存在でした。いろいろな面白いアイデアを出して、常に子どもたちの興味を引いていました。……でも、**計画性という点ではイマイチだったかな（笑）**。そこを僕ら他のスタッフが補っていくことで、いい意味でも悪い意味でもたくさん学ばせてもらったと思います（笑）。

R・Sさん

ＣｏＣｏは、**いつでも誰でも迎え入れてくれる場所**です。ＣｏＣｏのおかげで、友だちが少なかった私に初めてたくさんの友だちができました。毎日が楽しくて仕方ありませんでした。

学校のように、何かを「しなくてはいけない」なんてことはありません。自分が「やりたい」と思うことを叶えられる場所でした。言いたいことも自由に言えて、何もしていなくても居心地の良い場所、それがCoCoでした。

CoCoでの思い出は数え切れません。バンド活動している子たちが日頃の成果を披露する「ライブ」。たこ焼きパーティーをしたり、お菓子を食べたりしながらおしゃべりをする「しゃべり場」。夏の肝試し、スポーツ大会……一番を決められないくらい楽しい思い出でいっぱいです。

何でもできる**「スーパーマン」のようなもっくんを目当てに来る女の子もたくさんいました。**私も、いつも笑顔で誰とでも分け隔《わへだ》てなく接するもっくんが大好きで通っていました。

高校を卒業してからもCoCoを離れるのが嫌でそのまま通っているうちに、気付いたらスタッフとして運営する側に回っていました。「運営する」といっても、もともとスタッフに見守られている感じはありませんでした。近所のお兄さん、お姉さんといった感じだったので、スタッフになっても「後輩ができたな」というくらい自然な変化でした。

Y・Oさん

ＣｏＣｏでは学校と違い、**本当の自分でいられました**。周りのみんなもそんな私を受け入れてくれます。上辺の付き合いは不要で、人と人とのつながりはとても深いものでした。イベントが終わった後のミーティングでも、みんな本音でしゃべります。自分の想いを自分の言葉で伝え、お互いにそれを全力で受け止めます。いろいろな人たちの考えを知ることができ、私自身の考え方も、物事の捉え方も、広く深くなっていきました。そのおかげで、ＣｏＣｏに通う前と比べて選択の判断もいい方向に変わったと思います。

ＣｏＣｏに通う学生という「見守られる側」から、スタッフという「見守る側」に変わり、責任感が強くなりました。**「周りの人に笑顔でいてもらうために」ということをいつも意識するよう変わった**のです。それは他のみんなも一緒なのかもしれません。私がイベントの準備などの作業をしていると、必ず誰かがサポートに来てくれました。本当に素敵な仲間たちです。

ＣｏＣｏでのもっくんは、例えるなら**ディズニーランドのミッキー**です。もっくんが来るとその場が明るくなり、活力が生まれます。人一倍仕事を抱えているのに、他の人を全力でサポートし励ましてくれるのです。

私はもちろん、もっくんと関わった人すべてが離れていてもその存在を思い出し、勇気をもらっています。とても「スペシャル」な存在です。

第2章

子どもから感謝される子育て

ジャパンエキスポにて
「カモンジョック！」として 世界を駆け抜けた

子どもの「ありのまま」を受け入れる

僕はＣｏＣｏ代表として１０００人以上の子どもたちと向き合ってきました。さらに長年、子育てや教育に関するさまざまな本をたくさん読み、勉強し、僕なりの「子育て・教育論」を構築《こうちく》してきました。

子育てで一番大切なことは、「**子どもが大人になった時に、親が感謝されること**」だと考えています。それが親にとって、子育ての最終ゴールなのです。

では、そのために何をすればいいのか？　まず２歳までは「すべてを受け入れる」こと、３、４歳ごろからは「正しいしつけを行う」ことです。

そして乳幼児期から青少年期まで、一貫《いっかん》して大切なのが「子どものありのままの姿を受け入れる」ということです。

特に２歳までの間は、何もわからない「赤ちゃん」です。**どんなわがままも、まず親が受け入れてあげることがとても大切**。子どもが素直にわがままを言える一番の相手は親なのです。

子育て期は、親も疲れてストレスが溜まります。「何でも受け入れるなんて無理だ」「どう対応したらいいのかわからない」と思う方も多いでしょう。そんな時の解決方法は、**子どもをただ「抱きしめる」こと**です。

これは保育士の母もよくしていたアドバイスです。わがままを言われたら抱きしめてあげれば、子どももある程度気持ちが落ち着きます。母は現在、障がいをもつ子どもたちが通う園で、施設および職員を管理する立場にいます。自閉スペクトラム症（ＡＳＤ：自閉症、広汎性発達障害《こうはんせいはったつしょうがい》、アスペルガー症候群などの総称。生まれつきの脳機能障害）などで特定のこだわりを持っている子どもたちに対してはなおさら、まず抱きしめてあげることが必要、と母は言っています。本人のやりたいことをまずはやらせてあげて、それを受け入れることが大切だ、といつも言っています。

抱きしめること、つまりハグの大切さは、さまざまな育児書でも語られています。公共広告機構（ＡＣジャパン）も２００３年、２００４年とハグについてのＣＭを放送して大きな反響を呼びました。「自分の子どもなのに愛し方がわからない。まず子どもを抱きしめてあげてください。それはあなたにもできる、言葉を超えた愛情表現です」というものです。子どもにどう接すればいいのかわからない親こそ、積極的にハグをしましょう。親子で前向きな気持ちになれるはずです。

ハグの効能は科学的にも証明されています。信頼できる相手とのハグでは、

1．脳内に「βエンドルフィン」が分泌《ぶんぴつ》されて、リラックス効果やストレス軽減効果が得られる

2．脳内に「オキシトシン」というホルモンが分泌されて、幸福感や安心感に包まれたりする

ということがわかっています。

3歳からは「しつけ」によって、本人にとって危険なことや、人に迷惑を掛けることをしないように教えていく必要があります。でも、子育ての基本は同じです。まずは子どものありのままの姿を受け入れ、積極的にハグをしましょう。

ＣｏＣｏで受け入れていた中高生の子どもたちは、思春期真っただ中という難しい年頃でした。だからこそ、僕やスタッフはＣｏＣｏに集まってきた子たちと、必ず握手とハグで挨拶をしていました。「君のありのままを受け入れているよ」というメッセージを、握

手とハグで伝えたかったのです。

日本ではなかなか握手やハグなどの、身体が触れ合う挨拶はしませんよね。初めのうちは「チャラい」なんて言われたこともありましたが、だんだん慣れてもらえました。しまいにはＣｏＣｏでの挨拶として定着しました。


学校とは、程度の差はありますが生徒を「管理」し、集団生活を送らせる場です。家庭でも、思春期の子どもは親の言うことを素直に聞けず、反発を覚えます。だからこそＣｏＣｏのような「第2の家」で、子どもたちがありのままの自分を出せるようにしていかなければなりません。

特に、「管理」されるのが嫌で学校を飛び出してきた子を、ＣｏＣｏのような場所で「管理」できるはずはありませんし、してはいけません。**大人の目の届く範囲で好きにさせてあげるということが、とても大事**なのです。

「その人本来のありのままの姿を受け入れる」ということは、全国のフリースクールなどでも実践されています。僕自身も学生時代に金髪にしたり、ヤンキーっぽい服を着たりしたことで、先生たちからは「見た目」で否定されました。そうして一度否定されれば、こっちだって相手を頑《かたく》なにシャットダウンしてしまいます。「そのままの大河内くんでいいよ」と受け入れてもらえるだけで、まったく違ったはずです。

しつけは親が子どもにできる最高のプレゼント

子どもが3、4歳ぐらいになると、やっていいことと悪いことの区別をつけさせる必要が出てきます。階段の上で走り回ったら落ちて大怪我をするかもしれない、友だちを叩いてはいけない、遊んだ後は片付けをしなくてはいけない、といったことを**「しつけ」として親から教える**のです。

子どもがしつけを嫌がることも多いでしょう。僕自身、保育園の年長くらいの頃を思い出すと、「あれはやだ、これもやだ」と、わがまま放題でした。家中にシールを貼ったり、モノを壊したり、兄弟ゲンカをしたり……。もしいま、あの頃の僕が目の前にいたら僕もイライラして、パンクしてしまうでしょう。でもそこで諦めて放り出してはいけません。根気強くしつけをすることが大切なのです。

なぜなら、しつけは親が子どもにできる一番のプレゼントだからです。

親はしつけを通じて子どもに「教養」や「品格」を贈ることができます。そして、教養や品格はお金やモノと違い、他人が奪うことはできません。親が裕福とか貧乏とかは関係ありません。子どもに財産を残すよりも、子どもをいい大学にいれるよりも大切なことなのです。

教養や品格を言い換えれば、**「悪いことに対する心の抵抗感」**になります。例えば、神様を信じている人も信じていない人も、神社のお社《やしろ》をハンマーで壊せと言われても普通はできないでしょう。お地蔵様を蹴っ飛ばす、などということもできないはずです。この「悪いことに対する心の抵抗感」という、人として社会生活を送る上で大切なことこそ、絶対に親が子どもに教えなければいけません。

やっていいこととといけないことの区別を身に付けなければ困るのは子ども自身です。一番大切なことは、子どもが大きくなった時に「きちんと教えてもらえてよかった」と実感することです。

ただし、子どもの行動のすべてを親の思いどおりにさせたり、体罰や言葉の暴力で支配したりすることは絶対にいけません。それは「しつけ」ではなく「虐待」です。

僕の両親の子育て

僕の子育て・教育論の根っこには、僕の両親の子育てがあります。

母の仕事は保育士でしたが、何か特別な子育てをしていたわけではありません。ただ、父も母も一貫して、「まず子どもの思いを受け入れる」「否定せずに、何でもやらせてみる」ということを実践してくれました。

子どもが挑戦したいと言えば、どんなことでも受け入れてくれました。「それはすごく大変な道だよ」と、助言はしてくれます。でも絶対に反対はしませんでした。

ただし、途中で投げ出そうとすれば、「最後まで諦めずにやりなさい」と怒られました。

「やりたい」と言ったことの責任は、必ず子ども本人に取らせます。

例えば僕が「クワガタを飼いたい」と言った時も、すべてを自分で行うように言われました。早起きして餌《えさ》をあげる、水を取り替える、といった毎日の世話から、死んでしまった時は地面に埋めて供養《くよう》してあげることまで、すべて僕一人で責任を持って行いました。

子どもでも、大人と同じように何をするのも自由、だけど自由には責任が伴うよ、ということを教えたかったのだと思います。

子どもに自由を与えない親、厳しく縛《しば》り付ける親ほど、子どもの性格は屈折《くっせつ》してしまうことが多いようです。

親に反発して非行に走ったり、摂食障害《せっしょくしょうがい》などになったり、対人コミュニケーションがうまく取れなくなったりしてしまう、といったことも言われています。

子どもの欲求を否定して、親が決めた枠にはめ込もうとすることは、子どもが大きくなってからも多くの弊害《へいがい》をもたらしてしまうのです。

ＣｏＣｏに来る子のご両親にも、「厳しすぎるのでは……」と思うことがたびたびありました。特に門限に関して口うるさく言う親御さんが多かった印象があります。

確かに門限を決めないと危険な世の中ではあります。でも、子どもの帰宅が2、3分遅れただけで、クレームの電話をかけてくる親に対しては「ちょっと過敏では……?」と感じました。子どもを管理しすぎではないでしょうか? そういう厳格な親だから、子どもは家庭に居場所がないと感じて、ＣｏＣｏに通い続けていたのかもしれません。

「テストで絶対に○点以上を取ってこい」とプレッシャーをかけられている子、塾や習い事で放課後の予定をガチガチに固められている子は、学校に行きたくない、家に帰りたくないと、ＣｏＣｏで愚痴《ぐち》をこぼしていたものです。

効果的な叱り方

子どもにプレッシャーを与えないでしつけるには、どうすればいいのでしょうか？

何でもダメだと言って厳しくしてはいけないし、一切叱らずにいられるものでもありません。しつけには時に、厳しい面も必要になってきます。

そこで、**叱る時には一人称の「アイ（I）メッセージ」で伝えましょう**。

「それは、やっちゃいけないことなんだよ」ではなく、「こういうことをされて、お母さんは心配だったよ」。「そんなひどいこと言っちゃダメだよ」よりも、「そんなこと言われたら、私は悲しいよ」と、**自分を主語にして伝える**のです。

また、叱る時は他の子と比較してはいけません。「〇くんはちゃんと17時に帰ってきているのに、あなたはどうして遅くなったの」などと叱るのではなく、「こんなに遅くなって、あなたが事件や事故に巻き込まれていないか、お母さんは心配だった。ちゃんと約束した時間に帰ってきてね」などと言ってあげましょう。それだけで、子どもの受け止め方も、反省の度合いも違ってきます。次第に子どものほうから、時間が来たら「お母さんが心配するから、私はもう帰るね」と言えるようになっていくはずです。

周りと比べてしまうと、子どもの自己肯定感はどんどん下がってしまいます。「他の子はこうなんだから、あなたもこうしなさい」などと枠にはめられることで、一番近くの存在である親が自分を認めてくれていない、と感じるようになります。

子どもは親にハグをしてもらうだけで、嬉しいと思うものです。「親は自分がこういうことをすると悲しむんだな」と理解すれば、遅かれ早かれ、自分の行動を変えることができます。

僕自身も学生時代、深夜に帰宅した時に母から「**心配だから、どこにいるのかだけは教えてね**」と言われ続けたのが、実は嬉しかったのです。どちらかと言えば放任主義《ほうにんしゅぎ》の両親だったので、僕に興味がないのかな、なんて思って反発していたこともあります。でも本当は心配してくれていたことが、この言葉で実感できました。

褒めることの大切さ

親としては、子どもの学校での成績も気になるところです。でも勉強について子どもに厳しく言うのは逆効果になってしまいます。

人と比べてできないことをあげつらったり、責めたりするのではなく、本人がいまできることにフォーカスして褒めましょう。「どうしてこんな点数なの?」ではなく、「こんな点数が取れてすごいね!」と言ってあげるのです。

そうして子どもの中に自己肯定感が育まれると、もっと褒められたい、認めてほしいという気持ちが芽生《めば》えます。勉強だけでなく何事にも、やりがいを持って取り組むようになるはずです。

僕がＣｏＣｏを始める前、「子ども交流センター」で働いていた時にも感じたことなのですが、子どもはいつでも褒められたいと思っています。積み木を大きく組み立てた、パズルを完成させた、といった瞬間に、子どもは必ず、嬉しそうな顔をして親の顔を見ています。鼻の穴をプクッと膨らませながら、自慢げに親のほうを振り返る瞬間の子どもの姿が僕は大好きです。**この時に、すかさず褒めてあげてほしい**と思います。

しかし最近では、子どもが一番可愛いせっかくの瞬間に、親がスマホをいじっているというシーンが増えました。親が見てくれていない時は、子どもは次に僕のようなスタッフの顔を見てきます。「すごいね、できたね」などと褒めてあげると、照れ笑いをしてまた元気に遊びに戻ったものです。

これは勉強にも応用できます。親に褒めてもらえた、嬉しいと感じることで、さらに難しいことに挑戦しようと思えるのです。

子どもの成績が伸びずに悩んでいるという人は、いま子どもができているところを見つけてあげましょう。そして、タイミングを見極めながらしっかりと褒めてあげることから始めてみてはいかがでしょうか？

ただし、**褒めると素直に喜んでくれるのは小さい時だけ**。小学3年生くらいになると子どもも賢くなり、大人の考えを読めるようになります。

例えば、「いつもお手伝いをしてくれてえらいね！」と持ち上げても、「これからも自分にお手伝いを続けさせるために褒めているんだな」と、勘づくようになるのです。「そんなこと言ってももうやんないよ」と、へそを曲げてしまうこともしばしばあります。褒める側のさじ加減も大事になってきます。

子どもがそのぐらいの年齢になったら、**大人の仲間入りをさせてあげる時期**です。例えば学童保育でも、小学3年生くらいの子に、あえて大人のスタッフと同じ作業をお願いしたら、一生懸命に取り組んでくれました。もっと小さい子のお昼寝の布団を一緒に敷いてもらったり、おやつをもらう側から配る側に回ってもらったりしていました。

大人の階段を上り始める年齢ですから、**ちょっと背伸びしたいのでしょうね**。頼っていることを伝えると、急にやる気になってくれたものです。子ども扱いばかりしていてはいけません。一人の人間として受け入れられていると実感することが、子どもの自己肯定感につながっていくのです。

この体験がＣｏＣｏでボランティア活動を行うことになったきっかけです。中高生たちは、たとえ学校に行けなくてもボランティア活動をすることで、社会とのつながりを実感できます。社会に役立ち、そして受け入れられていると感じることで、自己肯定感が育まれていくのです。

ナンバーワンとオンリーワン

子どもの自己肯定感を育むには、何でもいいので子どもが**「ナンバーワンを目指すこと」が大切**だと考えています。

大ヒットしたＳＭＡＰの曲『世界に一つだけの花』では、「ＮＯ．１にならなくてもいい　もともと特別なOnly one」という歌詞が絶賛されましたが、僕の中ではずっと違和感がありました。もちろん『世界に一つだけの花』はすごくいい歌ですし、大切なことを歌っているとは思います。でも、次のステップに上がるために挑戦してみよう、頑張ってみよう、という意欲を否定してしまっている気がするのです。

東大を目指せ、社長になるまで出世を目指せ、などと言いたいわけではありません。「特別なオンリーワンなんだから、ナンバーワンなんて目指さなくていいんだよ、現状維持でいいんだよ」と許してしまうのは、果たしていいことなのか、と疑問に感じるのです。

頑張れないほど心が疲れてしまっている人には、この曲は「許し系の歌」として効果的かもしれません。

僕は、成長の途中にあるＣｏＣｏに来る中高生には、「オンリーワンの中でもナンバーワンを目指してみようよ」と何度も伝えてきました。どんなジャンルでも、どんな小さなことでもいいから、「上を目指してみよう」「勝負に勝ちたい」と思ってほしい。まずは全力で挑戦すること、そして**ナンバーワンを目指す過程で、何を学ぶかが大切**なのです。

実際にナンバーワンになれる子もいますが、上には上がいて、ナンバーワンになれない子もいます。でも「ナンバーワンになれない」「負けて悔しい」という挫折感を覚えることも、社会生活を送る上では必要な経験です。

ＣｏＣｏに来る子どもたちの中にも、向上心や挫折感を素直に感じられない子が多くいました。例えば僕との卓球の勝負で負けてしまうと、「もういい、卓球なんてどうせ人生で必要ないし」などと言って、ふてくされてしまうのです。

そのような態度が影響しているのでしょう。アルバイトでも、ちょっと怒られたくらいですぐに辞めてしまう子が本当にたくさんいました。「怒られたけど次は失敗しないぞ、できるまで頑張ろう」と思うことができないのです。だからこそ成長期に「ナンバーワン」を目指し、その過程でたくさんの素直な気持ちを感じてほしいと思います。

もし諦め癖がついてしまっている子がいたら、まずは褒めてあげましょう。

僕はＣｏＣｏの子がアルバイトを始めたら、まずは始めたことを褒めてあげました。そして、「とにかく絶対1週間は続けようね」と励ますのです。1週間続いたら、「次は1カ月頑張ってみよう」と、だんだん期間を延ばしていき、「こんなに続いているのはすごいね」とさらに褒めました。

根気強く続けることができない子には、周りの大人が「褒める」という行為でバックアップするのが大切です。自己肯定感を高めてあげることで、放り出さずに継続できるようになります。

もう一つ、ＣｏＣｏでよく言っていたことがあります。**「目の前の夢が叶うかもしれない時に、掴めるのが先か、疲れるのが先か」**という言葉です。

「手が届く寸前かもしれないのに、疲れたからといってそこで諦めてしまっていいの？」「諦めてしまったら終わりだよ、掴めるものも掴めなくなるよ」と教えていました。諦め癖がついている子には特に、あともう少しで目標に届くかもしれないんだよ、ということを大人が教えてあげてください。

負けず嫌いの子、そうじゃない子

もともと僕はすごく負けず嫌いな子どもでした。かけっこで負けるだけで、地面を叩いて悔しがりました。次に勝つために陰で練習をしたものです。おかげで小学生の時はずっとリレーのアンカーでした。

水泳部でも負けるのは嫌いでした。ひたすら練習に明け暮れ、地区大会ではずっと優勝を続けました。おかげでスポーツ全般が得意になり、YouTubeで「普通の人ができないスポーツをできる人」というキャラを獲得しました。

友だちの間で流行っている遊びでも、絶対に負けたくありません。「すごいね」と言われると嬉しいからです。人ができないことをできるということが、自慢にもなるし自信にもつながっていたと思います。

僕が小学生の頃だと、コマ、けん玉、ヨーヨー、ミニ四駆《よんく》などが流行っていました。もちろん絶対に負けたくありません。どうしても一番になりたいと、毎日熱中して練習していました。

テレビゲームでももちろん負けるのは嫌いです。大人になってからも、「マリオカート」「大乱闘スマッシュブラザーズ」「ウイニングイレブン」など、流行りのゲームにのめり込みました。

最近も「テトリスオンライン」というゲームで、世界ランキング1位を取り、YouTubeにアップしました。きっかけは「テトリスがめちゃめちゃ強いね」と友だちに言われたことです。ずっと熱中してプレイしていたら、だんだん僕に勝てる人がいなくなってきて、気付いたら1位になっていました。

もちろん、テトリスなんて人生にはまったく必要ないでしょう。ただ、友だちとの話題にはなります。どんな分野であれ、「成功体験を得ること」は、自己肯定感を高めるのにはもってこいなのです。

何でもいいので、「これは人に負けない」ということを一つ見つけることで、勇気や自信を持てるようになります。生きていく中で落ち込みそうになった時にも、それが支えになるはずです。

負けず嫌いではない子ももちろんいます。そういったのんびり屋さんの子たち、目立ちたくないという子たちに対しては、**とにかく得意な分野を褒めてあげてください**。どんな子でも、何か得意なことはあるはずです。

自閉スペクトラム症（ＡＳＤ）の子たちと接する中で、彼らは何か一つのことに対するスペシャリティがすごいな、と感心することが多くありました。

イベントのための看板づくりなどの作業をする時には、たとえ時間がかかっても細かい作業を黙々と繰り返すことができる子もいました。他の子は、30分で飽きてしまうことを、何時間も集中してできるのです。

そんな子には、「ずっと集中できてすごいね」「すごく丁寧だね」と褒めてあげます。時間がかかりすぎているとしても、一生懸命に集中して取り組めることが、その子のスペシャリティなのです。

褒めると嬉しそうにして、その作業をコツコツとやり遂げてくれます。完成したものを並べて満足そうにしたり、その作業が気に入って次の日も早い時間に来て、同じ作業に取り組んでくれたりします。

負けず嫌いでなくても、こうした形で人それぞれのスペシャリティはあるのです。飽きっぽい子には次々に新しい作業を任せてあげるのもいいでしょう。

ＣｏＣｏでのとても印象深いエピソードがあります。学校では「のび太くん」と呼ばれ、何をやってもうまくいかず、いじめられている子がいました。

でも、そんな子にも得意なことはあるのです。彼は「しゃべり場」というＣｏＣｏで定期的に行っていたたこ焼きパーティーで、たこ焼きを焼くことが大好きでした。みんなで焼いて食べるパーティーなのですが、その子は全然食べずに、黙々と焼き続けていました。だんだんみんなが「よっ、たこ焼き職人！」なんて褒めるようになったら、もうその子は得意です。たこ焼きパーティーの日が来ると、**朝からはちまきにハッピの格好で、たこ焼き職人になりきります**。一生懸命に準備して、みんなのためにたこ焼きを焼いてくれました。みんなが「おいしい、おいしい」と言う中で照れ臭そうにしているその子を見ていると、僕も嬉しくなりました。

のんびりした子でも、目立たない子でも、何か一つでも周囲の人に認めてもらえれば、「**これは僕に任せろ**」とか、「**これだけは他の子に負けないぞ**」と、自信がつくようになります。その経験がすごく大事だと思うのです。自己肯定感につながり、ナンバーワンを目指すきっかけとなります。大人の役割は、その子の得意なこと、他の子にはない部分を見つけて、励ましてあげることです。

本当だったら、これは学校の先生のやるべきことだと思います。でもいまは学校の先生も忙しすぎて、やりたくても十分な時間がないのではと感じます。

第1章でも述べましたが、僕が子育てや教育に長く関わるようになったきっかけの一つは、ある先生に出会ったことでした。同じように多くの大人が、「現在の自分」に至るまでに、何らかのきっかけやターニングポイントを経ているはずです。

子どもにその「きっかけ」を見つけてあげることは、その子の人生を左右するほど大きなことだと思います。一歩間違えたら、その子の人生を大きく狂わせてしまうこともあります。「子どもの得意なこと」を見極められず、「大人が子どもに期待すること」をやらせることで、子どもは挫折してしまうかもしれないのです。

でも人は誰しも、やり直せるもの。一度つまずいても再び立ち上がることができます。子どもと自分を信じて、失敗を恐れず、積極的に**「子どもの得意なこと、好きなこと」**を

見つけてあげてください。

子どもの性教育から逃げてはいけない

子育て中の悩みとして、性教育をどうするか、というものがありますよね。子どもから答えにくい質問をされた時に、親としてどう答えればいいのか、迷うこともあるでしょう。

日本の性教育は、教える内容、教え始める年齢の両方が世界に遅れています。先進国の中でもワーストの「**性教育後進国**」とさえ言われているのです。

ユネスコ（国連教育科学文化機関）がグローバルな指標《しひょう》として出している「国際セクシュアリティ教育ガイダンス」では、性教育の開始は5歳から、とされています。水着を着せた上で、男の子にも女の子にも、「水着を着て隠している部分は、性的で大切な部分だから、他の人には絶対に見せたり触らせたりしてはいけないよ」と教えます。諸外国では日本よりも性犯罪の件数が多く、男の子がターゲットとなることも珍しくはありません。なおさら、**小さい頃からきちんと教える必要がある**のです。

性教育は、「順番」が大切です。

まずは人体科学の面から「**子どもができる仕組み**」を教えていきます。精子と卵子、ペニスや子宮の仕組み、赤ちゃんがどこから生まれてくるか、といったことです。

それから、「**気持ち**」のことを話します。相手を「好き」と思う気持ちはどういうものなのか、相手の気持ちを考えるとはどういうことか、好きじゃない子とは性交をしてはいけない、といったことを教えていきます。この順番を守って教えることが大切です。

ユネスコのガイダンスには、小学生にはコンドームを着けない場合の性交のリスクを、中学生にはコンドームの正しい使用方法を教える、といったことまで記載されています。性教育は、性犯罪や望まない妊娠などから自分の身を守り、命の大切さを理解するための大切な知識だからです。

欧米をはじめとする世界各国では、このように幼児教育や小学校の段階で、性教育をしっかりと行っています。教えるのも学校の先生ではなく、性教育の専門家が講師として招かれています。

一方で日本では、性教育の手法がまだまだ確立されていません。腫《は》れ物に触るように、

「タブー」として扱っている印象です。「性交」「避妊《ひにん》」「人工妊娠中絶《じんこうにんしんちゅうぜつ》」という言葉でさえ中学生には教えないようにされています。「性教育によって、子どもたちの性的な関心が増したり、性行動が早まったりする」と、教育関係者、教育委員会、政治家などが考えているからです。

僕が中学校で体育の先生をしていた時にも、性教育は厄介者扱《やっかいものあつか》いでした。先生たちが性教育の授業を持ちたがらず、僕のような新任の先生に押し付けてきました。ひどい時には、誰が性教育の授業をするかジャンケンで決めている場面も見たことがあります。

そして、授業方法が確立されていないため、先生によってはあいまいに説明したり、人形を使って適当に教えたりすることになります。そんな先生の態度を見て、男子はニヤニヤと笑い、女子はうつむいたりすることになるのです。これは日本特有なのだそうです。

日本の性教育の世界からの遅れは、21世紀に入って加速しました。

東京都日野市の七生養護《ななおようご》学校では、知的障害のある子どもが性被害にあっても気付けるように、性教育に熱心に取り組んでいました。身体や性について正しく理解できるよう、性器の付いた人形を使うなどして独自の方法で教えていたのです。このことを知った東京都議会議員が、２００２年に「行きすぎた性教育」と問題にして、性教育を行った先生が大量に処分されました。

子どもを性被害から守るための教育ですから、これくらい熱心でも良かったのではと僕は思います。この事件は裁判にまで発展しました。結果は問題にした都議と教育委員会の敗訴《はいそ》。でもこの事件をきっかけに教育現場は萎縮《いしゅく》してしまいました。性教育に対して消極的になり、あいまいに終わらせる風潮が強くなってしまったのです。

同じようなことは２００５年にも起こります。

ある国会議員が「大阪府吹田《すいた》市の公立小学校で使用している性教育の副読本に、男女の性器の名称が書いてある。また、受精の仕組みを図解している」と、国会で問題として取り上げました。それに対して小泉純一郎首相（当時）も「これはちょっとひどいですね」と答弁《とうべん》しています。たったそれだけのことが問題にされてしまうのです。

日本では、性教育の内容だけでなく、**性教育を開始する年齢が遅すぎる、という問題もあります。**

性教育は小学校３、４年生の頃に初めて授業に登場し、プライベートゾーンや初潮《しょちょう》、精通《せいつう》などについて学びます。月経《げっけい》と射精《しゃせい》、受精《じゅせい》と妊娠《にんしん》などは中学生になってからです。ただし、学習指導要領には「受精・妊娠を取り扱うものとし、妊娠の経過は取り扱わないものとする」とされており、性交については触れない学校が多いのが現状です。高校に入ってからようやくコンドームの着け方などの避妊法、人工妊娠中絶などについて指導します。

でも最近は、子どもたちの発育が良くなりました。女の子が初潮を迎えるのは平均で10～12歳ですが、いまは小学校3年生で始まる子も増えています。

また、初体験もどんどん低年齢化しています。調査によって数字は異なりますが、集英社の女性誌『MORE』の調査（2017年）では、12歳以下で初体験をした女の子が0・2％、13～15歳で初体験をした女の子が11・3％に上るとしています。

新型コロナウイルスの影響で、2020年春には全国の学校が休校になりました。その期間に10代からの妊娠相談が激増したそうです。これも「性教育があいまいで始める時期が遅い」という日本の現状が、悪い形で表れてしまった結果です。

いままでのやり方では不十分です。もっと早い段階できちんとした性教育を行うべきです。でも日本の現状では、**親が子どもにきちんと教えるしかありません。**

子どものスマホ問題

いまはさらに、スマホを使えば子どもでも出会い系サイトや卑猥《ひわい》なコンテンツ、犯罪につながるコンテンツなどに簡単にアクセスできてしまいます。２０１９年の内閣府の調査では、スマホを利用している小学生は37・6％、スマホでのインターネット利用率は49・8％と、その割合は年々増加しています。

スマホから有害サイトにアクセスできないようにする機能**「ペアレンタルコントロール」は、しっかりと設定しましょう。**親が「デジタル機器が苦手だからできない」などとは言っていられない時代なのです。親のためのスマホ・パソコン講座はもっと開催されるべきだと思っています。放置してしまうと、子どもが有害サイトにいくらでも入り放題になってしまいます。

ペアレンタルコントロール機能を使うだけでなく、毎日親が子どものスマホを見て、**閲《えつ》覧履歴《らんりれき》をチェックするべき**です。親に見られたらまずいようなやりとりをしない、というルールを決めて守らせることが、子どものためには必要です。

子どもにもだんだん悪知恵《わるぢえ》が付いてきて、そのうちに履歴を消したりし始めます。親はそれを見逃してはいけません。閲覧履歴などを消されても、復元する方法なんて調べればいくらでもあります。「子どもを窮屈《きゅうくつ》に管理しすぎてはいけない」と述べましたが、スマホに関しては親がしっかりと管理してあげてください。

それほどスマホは危険と、僕は声を大にして伝えたいです。

ＣｏＣｏに関わっていた10年ほど前は、スマホが登場したばかりの頃でした。「意識高い系」の男の子がたまにｉＰｈｏｎｅを持っているくらいです。それでも「ガラケー（フィーチャーフォン）」を含めれば、中高生はみんな、自分の携帯電話を持っていました。小学生でも学童保育に通っている子は、よくキッズケータイを持っていました。

中高生のアウトロー気味な子たちは、ガラケーからも出会い系サイトにアクセスしていました。

特によく覚えている女の子がいます。その子は男性に依存するタイプで、出会い系サイトで知り合った年配の男性と、常に一緒にいました。「最近ＣｏＣｏに遊びに来ないな」と思っていたら男の家に入り浸っていて、別れるとまたフラッとＣｏＣｏに現れる、といったことを繰り返していました。いまでいう「パパ活」ですね。当時は「援助交際」と呼ばれていました。**やっていることはどちらも「売春」**ですが、聞こえのいい言葉に言い換えられたことで、売春行為自体へのハードルが下がってしまっているように思います。

この児童売買春は、教育現場において、非行に走る子どもたちとは切っても切り離せない問題です。売るほうにも問題はありますが、買うほうにも当然問題があります。むしろそちらの責任のほうが大きいのではないでしょうか？

大人にとっては1、2万円なんて簡単に稼げる金額かもしれません。でも子どもにとっては大金であるため、利害が一致してしまいます。児童売買春を助長するサイト、それを商売にする大人たちが多すぎるのです。

売春の危険性については、ＣｏＣｏに来る子たちにはずっと訴え続けていました。売春をしてしまう子どもは、自分の身体のことを大切に思えていません。売春によって性病になったり、望まない妊娠をしてしまったりする可能性があること、ヤクザや犯罪者と関わってしまう可能性があること、薬物や風俗業に引きずり込まれてしまう可能性があることなどを、何度も繰り返し伝えました。

出会い系サイトを利用して、**知らない人に会うのは絶対にやってはいけないこと**です。

それが、いまの子どもはSNSなどを通じて、いろいろな人と簡単にやりとりができます。本当に気を付けなくてはいけません。

売春に走る子たちは親から心配をされておらず、完全に放任主義で育てられていました。CoCoは19時には終了します。すると、家に居場所がない子たちは「この後どこに行こうか」などと会話をするのです。

CoCoでよくあったパターンは、シングルマザーのお母さんに彼氏ができて、子どもがその彼氏から暴力などの虐待を受けているというものでした。それでは子どもは家に居づらくなります。

お母さんも、彼氏が邪魔に思っている子どもに対して次第に嫌悪感《けんおかん》を抱き、親子の関係が壊れていきます。そうして児童養護施設に入れられた子どもたちをたくさん見てきました。

親の愛情を感じられない子どもたちは、児童養護施設に入っても満たされないことが多いです。「施設はやっぱりさみしい」『ただいま』って言える場所じゃない」と言っていました。だからこそ、**CoCoでは子どもたちが「ただいま」、スタッフが「おかえり」と**

言って、握手とハグをすることにしていました。親から愛されていない子どもたちにも、「ＣｏＣｏは安心できる居場所」と感じてほしい。そう願っていました。

子どもが非行に走ったら

もし、「うちの子はアウトローな子たちと付き合っているんじゃないか？」と不安に感じたら、まずはしっかりと本人の話を聞いてあげてください。

この際も、**頭から否定することだけは絶対にしてはいけません。**どんな言い分であっても、まずはすべてを受け入れましょう。友だちがヤンキーであろうと、「あの子と付き合っちゃダメ」ではなく、「私はあなたを心配している」と、伝えてください。

友だちを否定されると、子どもは余計に反発をします。僕が学校の先生に対して反発心を抱いた理由も「友だちを否定された」ことが大きかったのです。他校の生徒や、学校を辞めた友達と一緒にいたら「あいつらとつるむんじゃない」などと言われ、すごく悔しい思いをしました。大事な友だちのことを頭ごなしに否定されると、「なんでおまえにそんなことを言われなきゃいけないんだよ」「おまえは俺の友だちの何を知ってんだよ」と、余計に先生の言葉をシャットアウトしてしまいます。

やはり受け入れることが大事なのです。ＣｏＣｏでは「いまこんなお友だち、こんな先輩がいるんだよね」と子どもがアウトロー気味な子の話をしていたら、「今度ＣｏＣｏに連れておいでよ、僕もちょっと会ってみたいな」と言っていました。実際にヤンキーが来るのですが、話してみると意気投合ができるものです。意外とヤンキータイプは仲良くなるときちんと挨拶をしたり、敬語を使ったり、迷惑を掛けないように気遣ったりします。

子どもと仲のいい相手なら、たとえアウトロー気味な子であっても実際に会ってみてください。その子に対しても自分の子と同じように接するのです。

「近所のおせっかいなおばちゃん」みたいな感じで「学校が終わったらおやつを食べにおいで」と我が家を溜まり場にしてしまいましょう。そうすれば子どもがどういう子と付き合っているかも把握できますし、自分の子にもその友だちに対しても、**否定をせずに受け入れる姿勢**を見せることができます。

第1章に登場した「青少年問題協議会委員」のお偉いさんたちが、かつてとんでもない施策《しさく》を行ったことがありました。コンビニに中高生のヤンキーがたむろするのを防ぐため、若者にしか聞こえない「モスキート音」をコンビニの入口で流したのです。

　僕は反対し続けました。「ただでさえ居場所がないのに、どんどん居場所をなくしてどうするんですか」と訴えたのです。コンビニから追い払ったところで、彼らは廃校《はいこう》や廃屋《はいおく》、公園のしげみなど、大人の目の届かない危険な場所に移ってしまいます。犯罪などに巻き込まれる危険性が高まるだけです。

　この施策は、結局半年で取りやめになりました。どんな子であっても、大人の目の届く範囲にいてもらうことが大切です。そのためにＣｏＣｏのようなオープンな「居場所」をつくってあげるべきなのです。

　子どもが非行に走ったら、「**排除するのではなく、受け入れること**」がポイントです。

青春は若者にはもったいない

　さまざまな子どもたちを見てきてつくづく思うのは、「青春時代は若者にはもったいなすぎる」ということです。

本当に僕は「青春の無駄づかい」をしていました。学生の頃は時間も有り余って、友だちもたくさんいて、体力もあって疲れ知らず。大人になったいま思えば、何でもできたはずです。それなのにヤンキー時代は、学校に行かずに家で一日中ゴロゴロして、夜になったら友だちとコンビニでたむろする、といった日々を過ごしていました。「早く授業終わんねえかな」「まだ水曜かよ、早く土日になんねえかな」「早く卒業して、大人になりたいなあ」と、**時間が経つことばかり考えていました。**

もちろん楽しいこともたくさんありました。夏にセミの鳴き声を聞くと、水泳部で練習に明け暮れていたことや、バイクの免許を取って友だちと海まで走った時のことを思い出します。それでも、もったいないことをしたと思います。

子どもの頃のほうが、大人になってからよりも精神的に豊かだった気がします。

小さい時には、あんなに汗をかいて自転車で目指した場所が、大人になったらタクシーのワンメーターで着きます。子どもの時にはあんなに広く感じた公園が、大人になって行ってみたら「こんなに狭かったっけ?」と感じます。平気で触っていた虫も、いま見ると気持ち悪いし、あんなにキラキラして見えた夜の縁日も、大人になって行ってみるとゴミだらけで汚く見えてしまいます。**大人になると見える景色が変わってしまう**のです。

「青春時代は若者にはもったいなすぎる」。これが僕の持論ですが、なかなか子どもはわかってくれません。貴重な青春時代を無駄に過ごしてしまうのです。

では、大人にできることは何でしょうか？　それは、**子どもの青春時代のお手伝いをしてあげること**です。部活や行事などに大人が協力し環境を整えてあげて、青春時代の思い出の一ページを大人が準備してあげることはできます。

ＣｏＣｏでもライブなどを開催して、音楽に青春をかけてきた子たちのお手伝いをしてあげました。ライブを始めたのは、僕が子どもたちにドラムやギターを教える中で、「発表の場がないのはもったいないな」と思ったことがきっかけでした。

初めはバンドも１つだけ。そこで、スタッフと友だちに披露《ひろう》するための発表会を開きました。バンドの数も次第に5、10と増えていき、最終的に20ほどになりました。そこで、夏は屋外で、３月には体育館を借りて１日がかりの卒業ライブ、といった形で開催するようになりました。

ライブがなければ、それぞれ勝手に練習するだけで終わってしまいます。それでは「青春」を感じることができません。でも、こうしてイベントを開催するのもあくまで「お手伝い」で、青春を感じるかどうかは、その子たち次第です。

このお手伝いは、僕にとってもすごく楽しくやりがいがありました。

ライブ以外にも、スイカ割りをしたり、大きな公園を借りて水遊び大会をしたり、さまざまなイベントをＣｏＣｏで開きました。ＣｏＣｏには高校を辞めてしまった子たちも多くいましたが、思い出の一ページをつくるお手伝いはできたかと思っています。

２０２０年は新型コロナウイルスの影響で、部活動や修学旅行、卒業式などの子どもたちのイベントが相次いで中止となってしまいました。大人はできる範囲で、子どもにイベントを開いてあげてほしいと思います。

子どもたちが大人になって振り返った時に、**「楽しい青春時代を過ごしたな」と思えることが、自己肯定感にもつながっていく**からです。

乳幼児の子育て

家族の笑顔は強く優しい心を育てる

親がいつも笑顔でいることは、子どもの心を安らげ、健全な精神を育みます。ただ、常に笑顔でいるというのは、現代社会ではなかなか難しいかと思います。

そこで、一日中でなくても構わないので、子どもとお話しする時、ご飯を食べる時、お風呂や寝る前の大切なコミュニケーションの時だけでも、意識して笑顔を心がけてみてください。

子どもは親を見て育つ

優しい子どもに育ってほしい。そう願う親は多いかと思います。でもどのメソッドで育てたらいいのだろうと、参考書やインターネットの記事などにあれこれ頼ってばかりいませんか？

実は、とても単純な方法で優しい子どもに育てることができます。**親がお手本を見せること**です。

例えば、電車で「どうぞ」と席を譲る。泣いている子どもの友だちに「どうしたの？大丈夫？」と声を掛けてあげる。道に落ちているゴミをさっと拾ってゴミ箱へ入れる。店員さんに笑顔で丁寧な言葉遣いをする……。

街にはお手本となる材料が、あちこちに転がっています。わざわざ優しさについて言葉で教えたり説明したりしなくても、その姿を見た子どもはどうすればいいかを学びます。**「優しい」を、直接経験することが大切**です。

普段は人に優しくすることを心がけていない人は、せめて子どもの前だけでも「聖人」を頑張って演じてみてください。

子どもが野菜を食べない本当の理由は？

子どもが野菜をいつも残す。なかなか食べてくれない。するとつい「うちの子は野菜が嫌いなのかも」と考えてしまいがちですが、そうではない子も意外と多くいます。

何人かの栄養士さんのお話を聞かせていただきましたが、子どもが野菜を避ける理由で多いのが、**味ではなく「食べにくいから」**のようです。

乳幼児は、生野菜はもちろん、柔らかくするために湯通しした野菜も、飲み込みにくく感じるそうです。歯が生えて、噛む筋肉がつき、飲み込む運動神経が発達するまでは、野菜を食べにくく感じてしまいます。5～6歳くらいまでは、まだ子どもの噛む力は成長過程にあるそうです。

それまでは、しっかり柔らかくなるまで茹でたり、小さく切ったり、刻んだ納豆やヨーグルトなどで和えたりして工夫すると、食べてくれる子も少なくないといいます。

幼児の野菜嫌いの理由は大人の野菜嫌いとは違うということを理解して、すぐ諦めずにいろいろと試してみてください。

落書きでストレス発散

幼児は、こちらが目を離した隙に所構わず落書きをしたり、シールをペタペタ貼ったりして、ため息が出てしまいますよね。落書き帳だけでは満足しないのは普通のことで、異常ではありません。

この対策として、壁に大きなクラフト紙やラシャ紙を貼り、そこに大きく描かせてあげてみてください。

ノートのように小さく指先だけで描くのではなく、大きなキャンパスに腕や身体をいっぱい使って自由に描くことで、ストレス発散はもちろん、親に見てほしいという承認欲求も育っていき、落書きではなく素敵な作品づくりを意識し始めるようになります。

「見て見て」と言われた時は「すごいね！」と笑顔で褒めてあげてください。

ここで大切なことは「ここは描いていいけど、それ以外の壁や家具は絶対にダメ」と、**しっかりルールを教えること**です。

思いきり描けるところがあれば、他にはあまりいたずらをしなくなります。悩みも解消しながら子どもの健全な育成もできて、一石二鳥のこの方法。ぜひ試してみてください。

第3章

子育ては本来楽しいもの

教師時代
子どもとの接し方に悩んでいた時期

イヤイヤ期を乗り切る思考法

第3章では、日本のお父さんやお母さん、先生たちが、いまどんな環境で子育てや教育に取り組んでいるかについてお伝えしたいと思います。

本来、子どもを育てるのは「楽しいこと」です。でもいまの日本では、「ワンオペ育児」という言葉に代表されるように、多くの家庭でお母さんがたった1人で育児を抱え込んでしまっています。子育て中の多くの人が大変な思いをしているのです。

子育て中は、楽しいことと同じくらい、大変なこともたくさんあります。例えば2歳前後の「イヤイヤ期」では、子どもは何でも「イヤ！　イヤ！」と拒否してきます。子どもの自我《じが》が芽生えてくる段階で、自分の気持ちをまだうまく表現できないためにそうなってしまうのです。

この時期の子どもはまさに「小さな怪獣」。親でも手が付けられないほどワガママが爆発して暴れまわります。どうしていいのかわからない親は、つい怒りすぎてしまったり、泣きたくなってしまったりすることでしょう。

そんな時に僕がお勧めしている方法は、**「動物園の園長さん」になること**です。「自分は動物園の園長で、この子は野生動物だ。この子を野に返すまでが自分の仕事なんだ」と、発想を転換するのです。自分の中での「ごっこ遊び」として、「この子はまだ人間じゃない、動物なんだ」と思うようにします。すると、途端に気持ちが楽になるはずです。

大声で「イヤ！　イヤ！」と暴れる、家中を散らかしまくる、トイレトレーニングがうまくいかない……。もちろんとても大変ですが、ライオンなどと比べてみてください。幼児はまだ大人に危害を加えるほどの力はありませんし、何なら表情で少しは意思疎通《いしそつう》ができます。ライオンを飼育するよりはまだ簡単だな、と思えるのではないでしょうか？　むしろ「この子は動物と比べてなんてお利口なんだ」「この子もまだ人間社会に慣れていないんだから、こんなの仕方ないよね」と思えるようにもなります。

子どもも5、6歳になれば、だんだんと言葉を使ったコミュニケーションができるようになります。人間らしい社会性も身に付けていくことでしょう。それまでは「自分は動物園の園長さん」と思い込んでしまったほうが、楽に感じることができます。

子どもをのびのびと泣かせる寛容な社会を

子どもは「野生動物」ですから、大人の理屈や常識が通用しないシーンはたくさんあります。どんなに完璧にお世話をしていても、泣き出すことはありますし、どんなに頑張っても、なかなか泣き止んでくれないこともあります。

脳科学の観点では、子どもが泣いている時は、無理して泣き止ませるのも、放置するのも、どちらも子どもにとって良くないと言われています。**泣いたら抱っこをして、本人が気の済むまで泣かせてあげるのが、脳の発育に一番いい**のです。

ただ、いまの日本では、「のびのびと泣かせながら育てる」ということさえ難しくなっています。理由の一つとしては、子育てに不寛容な人が増えているからです。

例えば子どもと一緒に電車に乗っていて子どもがぐずると、迷惑そうな視線を向けられたり、舌打ちをされたり、挙句の果てには「うるさい！」と怒鳴られたりすることがあります。親は必死で子どもをあやさなければいけません。

ネット上には「なぜ赤ちゃん連れで電車に乗るのか」などといった厳しい声もあふれています。でも当事者からしたら、電車を使って何駅も先の保育園に送らなければいけなかったり、体調が悪くて通院しなければならなかったりと、電車に乗らなければいけない理由があるのです。本当なら、公共交通機関は誰もが利用できるはずなのに……。

子どもが泣いてしまって一番焦るのは、お父さん、お母さんです。そんな中で、「元気な子だね」と話し掛けてくれたり、「よしよし」と子どもをあやしてくれたりするおばあちゃんのおかげで、車内の雰囲気が急に変わる経験をした人もいるのではないでしょうか？　僕は、そんなおばあちゃんのような人を「スーパーヒーロー」だと思っています。みんなが「我こそスーパーヒーローになるぞ」という気持ちで、子どもや子育て中の人たちに優しく接する世の中になればいいですね。

泣いている子どもをあやすことはカッコいい、子どもの面倒を見ている人はカッコいい、子ども好きがカッコいい。そんな風潮が強くなれば、子育てをしやすい社会、子どもに寛容な社会に変わると思います。

子どもは未来を支える、社会の宝です。いまは僕たちが守り育てる側ですが、数十年後、僕たちが年老いた頃には、反対に支えてもらう側になるのです。

最近は、公園でのボール遊びが制限されていたり、保育園の建設に近隣住民が反対運動をしたりと、信じられないほど子育てに不寛容な社会になっています。これからの日本や世界をつくっていく「未来人」である子どもたちを否定する社会に、果たして未来はあるのでしょうか？

子どもの泣き声が通報されるのは「いいこと」

「のびのびと泣かせながら育てる」ことが難しくなったもう一つの理由は、「虐待《ぎゃくたい》」を疑われやすくなったことにあると思います。

子どもが大声でずっと泣いていると、近所の人たちが「虐待の疑いがある」として、児童相談所（児相）に通報することが増えました。

児相、家庭支援センターなどは、通報が入ると必ず虐待の疑いがある家庭を訪問しなければいけないという決まりになっています。児相の担当者が「あの家の子どもはよく大声で泣くだけで、親は虐待をしていない」と、あらかじめ確認していても、通報が入った以上はそのたびに訪問しなければなりません。

虐待なんてしていないのに通報されたら、親としてはショックだと思います。泣き声が大きい子、泣き止むのに時間がかかる子がいるのは当然です。でもそんな子を持つ家庭では、自宅で過ごすのにも周囲を気にしなければならない時代になってしまいました。

でも僕は、通報が増えたことをプラスに考えています。通報されることをショックに思うのではなく、「**世間の目が子どもの虐待に対して厳しくなっている、それだけ子どものことをみんなが気に掛けてくれている**」と考えてはどうでしょうか？

生活保護の受給に関連して「漏給《ろうきゅう》・濫給《らんきゅう》」という言葉があります。「漏給」とは受給の条件を満たしているのに、生活保護が支給されないこと。「濫給」とは条件を満たしていない人にも、万一の事態（餓死《がし》など）を防ぐために支給することです。

僕はこの「漏給・濫給」の「給」の字を「救」に変えて、「漏救・濫救」という言葉をつくりました。子どもの虐待を防ぐためには、**「漏救」と「濫救」だったら「濫救」のほうがいい、というのが僕の持論**です。

生活保護における「漏給」は、「濫給」よりもはるかに多いと言われています。

２００７年に福岡県北九州市で、「おにぎり食べたい」と書き残して餓死してしまった52歳男性の事件は世間に大きな衝撃を与えました。この男性は病気にかかってから働けなくなり、生活保護を受けていました。受給開始の３カ月半後に「就労可能」と判断されて、生活保護を打ち切られてしまいます。打ち切りから３カ月後、この男性は自宅で餓死した状態で発見されました。

生活保護の支給に関しては、「漏給」より「濫給」のほうが問題視されがちです。「漏給」することで亡くなってしまう人がいるのであれば、命を救う「濫給」のほうが、たとえ税金を若干無駄遣いしてしまったとしても、よほどいいのではないでしょうか？

児童虐待を防ぐためにも同じことが言えます。児童相談所が積極的に介入することで救える命があるのですから、虐待していないかもしれない家庭にもどんどん訪問して確認する「濫救」のほうが、絶対にいいのです。

児童虐待防止法は２０００年に施行《しこう》されました。その４年後には、通告義務の条件を「虐待された児童」から「虐待を受けたと思われる児童」へと拡大し、虐待の早い段階での発見に力を入れてきました。２００８年には安全確認のための強制立ち入りを可能にするなど、児相の権限《けんげん》を強化してきました。

それでも2018年には、当時5歳の船戸結愛《ゆあ》ちゃんが亡くなった東京都目黒区での児童虐待死事件、2019年には当時小学4年生の栗原心愛《みあ》ちゃんが亡くなった千葉県野田市の児童虐待死事件など、**悲しい事件が後を絶ちません**。

こんな悲劇を続かせないためには、虐待をされているのに通報が入らない「漏救」よりも、過剰に思えるぐらい積極的に介入する「濫救」で、1人でも多くの子どもを守るほうがいいのです。

結愛ちゃんと心愛ちゃんの死をきっかけに、2020年4月には改正児童虐待防止法と改正児童福祉法が施行されました。「しつけ」と称した家庭内暴力を防ぐため、「体罰の禁止」が明記されています。叩くこと、食事を与えないことなどの物理的な体罰に加え、「おまえなんか生まれてこなければよかった」といった言葉の暴力もはっきりと禁止されています。

それでも虐待を疑われたくない、児相に通報されたくない、という人は、**「ご近所付き合い」を頑張ってみてはいかがでしょうか？**

僕が運営しているYouTubeチャンネルのカメラマンは、木造アパート住まいで、お隣は1歳の子どもがいる家庭です。オンラインミーティングでもその子の泣き声で向こうの声が聞き取れないほど。まるで真夏のミンミンゼミのようです。

泣き声は日常的に聞こえてくるそうです。でもその子のお母さんが「いつもうるさくてすみません」と、時々お菓子を持って挨拶に来たりするので、関係は良好とのこと。ちょっとしたご近所付き合いをすればお互いの様子もわかり、うまくやっていけるのです。

子どもの頃に一度も泣かずに大人になった人なんて、絶対にいません。僕たちも、子どもの泣き声に文句を言う人たちも、泣いて育ってきているのです。特に昔は木造住宅ばかりだったので、泣き声はご近所中に響き渡っていたことでしょう。その時に親や周囲の人たちが泣き声を我慢してくれて、僕たちは大人になりました。

今度は僕たちが、虐待かそうではないかを気に掛けながら、子どもが泣いている時には我慢をする番なのです。

子育ては常にアップデートする必要がある

このように、子育てに関する法律や、子育てを取り巻く環境は、時代とともに常に変わっていきます。昔経験したことや習ったことが、いまそのまま通用しないことも多いのです。

実際に僕がスポーツインストラクターの専門学校で学んだことは、残念ながらいまではほとんど通用しません。例えば転んで擦《す》り傷《きず》を負った時も、昔は殺菌・消毒をして乾かすように、と言われていましたが、いまは殺菌・消毒はあまり推奨《すいしょう》されていません。流水で汚れを流し、ワセリンなどで湿らせておく「湿潤療法《しつじゅんりょうほう》」のほうが、傷跡が残らないと言われています。

特に子育てを取り巻く環境は日々大きく変わっています。

いまだに、「母親は専業主婦として家にいるべきだ、それが日本の伝統的な家庭像だ」などと言う人がいますが、それは大きな間違いです。日本の「専業主婦」は、高度経済成長期に家庭を顧《かえり》みず長時間労働をする「猛烈サラリーマン」が増えたことにより登場しました。それ以前は、例えば農家なら妻も家業の農作業を、商家なら家業の商売を、夫とともに切り盛りしていました。

現代の日本は、バブル崩壊後の長引く不況、失業率の高まり、就職氷河期、非正規社員の増加などにより、高度経済成長期とは状況が大きく変わっています。普通のサラリーマンが「一馬力」で子どもの教育費や老後の生活費などを稼ぐのは難しい時代です。生活のためには共働きをしなければいけません。

総務省の調査では、夫婦共働き世帯（子の有無は問わない／農林業雇用者除く）の数は１９９０年代に専業主婦世帯を抜きました。２０１７年には全国で１１８８万世帯と、専業主婦世帯（６４１万世帯）の倍近くまで増えています。

このように、**昔と今とでは、家族を取り巻く社会環境がまったく違う**のですから、子育てが変化するのも当然のことです。「俺の時代はこうだった」「昔はよかった」などと言っていてもしょうがないですし、そんなことを言っていては「生きた化石」になってしまうでしょう。

学校行事とモンスターペアレント

ここからは「モンスターペアレント」についてお話ししていきます。少し長くなりますが、いまの先生たちが置かれている状況を理解するためには知っておきたいことです。**モンスターペアレントの数は非常に増えています。**世間一般の人たちからはあまり目につかないかもしれませんが、教師にとっては、モンスターペアレントからのクレームはもはや日常《にちじょう》茶飯事《さはんじ》なのです。

その背景には、先生の立場がどんどん弱くなり、学校で生徒が「お客様」になってしまっている現状があります。

モンスターペアレントは「カスタマーハラスメント」の問題とよく似ています。カスタマーハラスメントとは、スーパーなどで理不尽なクレームをつけ、店員を自分の意向に従わせようとすることです。モンスターペアレントも、**教師に対して「自分や自分の子どもはお客様だ、お客様は神様なんだから言うことを聞け」という姿勢**なので、カスタマーハラスメントと非常に似通っていると思います。

僕が教師をしていた頃も、モンスターペアレントはたくさんいました。事例はいくらでもありますが、その一端《いったん》を紹介しましょう。

まずは**「席替えでの席の指定」問題**。席替えのたびに問題になります。

例えば「冬は廊下側のほうが寒いから、うちの子は暖かい窓際の席にしろ」「うちの子が日焼けしないために窓際の席に座らせるな」という席の指定です。席替えのたびにクレームがつけられるので、先生にとっては悩みのタネです。

さらには**「学校行事の日時指定」問題**。「その日はおじいちゃんたちが来られないから、運動会を翌週に変えてくれ」などと言ってくるのです。

まさか、そんな個人的な理由で学校行事の日程変更を迫ってくるとは……。僕も初めて言われた時は衝撃で、開いた口がふさがりませんでした。でもこれは、実際に僕も言われたことです。

モンスターペアレントは、修学旅行や林間学校といった泊まりがけの行事でもクレームをつけてきます。事前の保護者説明会で「最終日は16時からサッカーの習い事があるから、終了時間を早めて15時に終わらせろ」と言ってきた親がいました。「先に抜けさせてください」ならまだわからなくもないのですが、「うちの子だけ先に抜けさせるのは可哀想だから、全体のスケジュールをうちの子に合わせろ」と言うのです。

「モンペあるある」として多いのは、貸切バスを使った遠足の帰りに**「うちの子を家の前で降ろしてくれ」問題**です。「うちの子は歩き疲れて帰ってくるんだから、バスの帰り道をちょっと変更して家の前で降ろせ」と言ってくる親はたくさんいました。貸切バスはタクシーではないのですが……。

運動会での親のマナーの悪さも衝撃的でした。校庭の隅《すみ》でタバコを吸ったり、紙袋やビニール袋に隠してきたお酒をこっそりと飲んだりしながら、運動会を観覧《かんらん》しているのです。

いまは運動会も不審者《ふしんしゃ》による盗撮防止のため、さまざまなルールが決められています。カメラでの撮影には許可証が必要であったり、撮影は撮影スペースで行ったりするのですが、限られた撮影スペースに大きくブルーシートを広げる親もいます。

そこで、まるで競馬でも見るかのように「おら、行け行け！」と、騒ぐのです。教師たちが何度も注意に行きますが、まったく聞き入れません。

神聖な学《まな》び舎《や》での、子どもたちの日頃の成果発表の場、という運動会の本来の姿とはずいぶんとかけ離れてしまいました。当たり前のようにタバコを吸ったりお酒を飲んだりしている親たちは全国的に増えており、大きな問題になっているようです。

学校生活とモンスターペアレント

モンスターペアレントは、給食や授業などの日常の学校生活に関してもあれこれと要求してきます。

給食での特殊な例としては、「**給食の時間に『いただきます』『ごちそうさま』をうちの子には言わせるな**」と言ってきたモンスターペアレントがいました。「うちの子が動物や魚を殺したわけじゃないんだから、『いただきます』を言う必要はない。これがうちのルールだ」といった主張をしてきます。仕方なく、その子だけは食事の挨拶をしなくてもいいことにしました。でもそうすることでクラスの中で浮いてしまい、友だちもできませんでした。親の意向のせいでこんなことに……本当に可哀想でした。

「**給食に使う野菜は、有機《ゆうき》栽培《さいばい》（オーガニック）にしろ**」と言ってくる親は本当に多くいました。公立小・中学校で、あれだけ栄養バランスの取れた食事を1食あたり300円前後（自治体により異なる）で提供できていること自体、すごいことなのに……。本当に無茶なことを言ってくるものです。

なお、この1食あたりの金額に含まれるのは食材費だけです。給食を作る人たちの人件費や光熱水費などは、自治体が税金で負担するよう「学校給食法」で定められています。毎日給食を食べられることを「当たり前」と考えてはいけないのです。

給食費・教材費の未納《みのう》も大きな問題となっています。

2018年に文部科学省が公表した「学校給食の徴収《ちょうしゅう》状況」に関する調査では、「給食費未納問題」を抱えている学校の割合は、小学校で約42%、中学校で約55%に上ります。

教材費に関しては、お金を持ってきた生徒にだけ教材を渡す、というやり方にすることもできます。でも給食費に関しては、給食の時間に「この子は未納だから食べさせません」というわけにもいきませんし、何より子どもの健康に関わります。

僕が教えていた中学校では、なんと3割から4割の親が給食費を払っていませんでした。しかも給食費未納の親の大半は、「経済的に困窮《こんきゅう》していて、どうしても給食費が払えない」のではなく、意図的に払っていないのです。

なぜならそんな親は、エルメスやルイ・ヴィトンなどの高級ブランドバッグを持って三者面談に現れるからです。なぜかモンスターペアレントたちは、「給食費は払わなくていい」と勝手に思い込んでいるようです。

三者面談といえば、ものすごい酒臭さを発しながらやってくる親も多く、1人や2人ではありませんでした。面談時間は決まっているのに遅刻してきて、さらに時間を大幅にオーバーしてしゃべり続ける親も多くいました。周りの迷惑を考えていません。

案の定、話す内容も自己中心的。「うちの子のことをもっと特別扱いしろ」「絶対いい高校に入れてくれ」などと要望してきます。三者面談の目的は、生徒の学校での態度や状況を説明すること、家での過ごし方を聞くことです。それなのに、保護者の要望ばかりを一方的にしゃべってくるのです。まさに**「自分はお客様だ」という認識**なのだと思います。

僕が先生をしていた頃は、体罰の問題がピックアップされていた時期でした。もちろん、生徒を叩く、蹴るなどの体罰は決してしてはいけないことです。でも驚いたことにいままでは、「宿題をやってこなかった子は手を挙げて」と**手を挙げさせることも、「生徒に精神的**

苦痛を与える」として「体罰」と言われるようになったのです。

「宿題を忘れた子、手を挙げて」では忘れた子に恥ずかしい思いをさせるから「宿題をやってきた子は手を挙げて」と言うように指導されました。それが教育委員会の方針になってしまったのです。

さらにびっくりしたことに、僕たちの頃は毎日のようにあった「今日は7日だから、出席番号7番、前に出て答えを黒板に書け」と指名するやり方も、いまでは「体罰」とされています。精神的、肉体的苦痛を与えていると考えるようになったのです。いまでは答えられる子に手を挙げさせて、黒板に書かせるようになっています。

他にも授業に関しては、「**園芸の授業で制服が汚れたから、クリーニング代を出せ**」というクレームも多くありました。「休み時間に付いた汚れは百歩譲ってこちらが払う。ただし、授業中の汚れに関してはクリーニング代を出せ」という、理屈が通っているようで通っていないことを言ってきます。

モンスターペアレント自身は、**筋が通った正論を言っていると考えて先生を論破《ろんぱ》しようとしてきます**。そこが大変厄介《やっかい》なのです。

ＣｏＣｏでもモンスターペアレントに遭遇

ＣｏＣｏで中高生の居場所づくりをしている時にも、モンスターペアレントはいました。僕は１０００人以上の中高生と関わってきましたが、**わが子の様子を見にＣｏＣｏへ来た親は１人もいませんでした。**実際に会ったことがあるのはたったの５、６人。すべてモンスターペアレントでした。

学校に来たクレームと同じく「ＣｏＣｏの活動で洋服が汚れたから、クリーニング代を出せ」「子どもが約束の時間までに帰ってこなかったから塾に遅刻した。その分の塾代を払ってくれるのか」といった文句を言いに来ました。「こっちは客だ。利用者がいるから、おまえらも自治体から助成金をもらえているんだろう」と言われたことも……。

印象的だったのは、子どもたちとドッジボールで遊んでいた時のことです。相手チームで最後の１人になった子が、ボールに当たってゲーム終了。そのままＣｏＣｏの閉館時間になったので帰りの会を行い、子どもたちは帰宅しました。

するとその30分後に、最後にボールに当たった子のご両親がＣｏＣｏにやってきました。「うちの子に寄ってたかってボールをぶつけたらしいですね。先生、**あなたが身体を張ってうちの子を守るべきだったのじゃないでしょうか**」と、延々と30分間怒鳴り続けられました。

「あの子は最後まで一生懸命頑張っていたんですよ」と説明しても、「そういう問題じゃない。うちの子がどんなにショックだったかわかってるんですか。心に負った傷がどんなに深いかわかってるのか、責任を取れるのか」と言うのです。

それからその子をドッジボールに参加させる時は、必ず同じチームに大人が入り、その子を守るようになりました。スタッフの間でも、「あの子の親はちょっと『モンペ』だから、遊ばせる時は気をつけなきゃいけない」と気を遣うようになってしまいます。

先生やスタッフも人間です。モンスターペアレントの親を持つ子どもに対しては、腫れものに触るような扱いになってしまいます。その結果、子どもはさまざまなチャンスが奪われ、意欲や向上心もなくなってしまいます。

親がモンスターペアレントだと、その子どもは損をすることになるのです。

家庭で先生の悪口を言ってはいけない

「うちの子が可哀想だ」などとクレームをつけてくる過保護タイプのモンスターペアレントは、子どもの言うことをすべて真に受けてしまい、心配しすぎる傾向にあります。

もちろん我が子を心配することは大切です。でも、もっと先生やスタッフを信頼してもいいのではないでしょうか？「可愛い子には旅をさせよ」とも言いますし、学校でも学童保育でも、子どもを預かる先生たちは常に子どものためを考えて行動しています。子どものためにコミュニケーションが取れる場をたくさんつくり、子どもたちを楽しませようと努力しているのです。そうした子育てや教育の「プロ」のことを、もっと信頼するべきではないでしょうか？

子どもが小学生になったら、一人の個人として接してほしいと思います。毎日、根掘り葉掘り学校でのことを聞くのではなく、本人が話したがった時にきちんと聞いてあげる、くらいでちょうどいいのです。

特に大事なのは、「親が先生の悪口を子どもに言わない」ことです。

子どもの愚痴《ぐち》を聞いてあげることは必要です。でも、あくまで「聞く」にとどめましょう。「ドッジボールで最後の1人になって大変だった、ボールが怖かった」「先生に怒られた。超ムカツク」と言われたからといって、「それおかしいよね」と、親が賛同してはいけません。

ドッジボールのことについては「大変だったんだね。でも最後の1人まで残ったなんて、頑張ったじゃない」と励ましてあげればいいだけの話です。先生に怒られたことについては「そんなことがあったんだ。でもどうして怒られたの？　先生が怒った理由を考えてみた？」と、子どもにも落ち度がなかったか聞いてみましょう。

最近は親が子どもと一緒になって、先生の悪口で盛り上がってしまうことが多くあります。そうすると、子どもは先生を舐《な》めてかかるようになります。「うちのお母さんが、先生はこういうところがダメだって言ってるよ」と、子どもは先生に漏らしてしまうものです。

保護者同士で先生の悪口を言ってもいけません。それを耳にした子どもが「Aちゃんのお母さんが、あの先生はダメだって言ってるよ」などと校内で言いふらしてしまうからです。

先生の悪口を言わないことは、子ども本人のためにもなります。先生も人間なので、舐めた態度を取ってくる生徒に対しては熱心に教えてあげられなくなります。その子に対しての期待も減り、自己肯定感を高めてあげようという気持ちもどんどんなくなってしまいます。

その結果、僕の高校時代の先生のような「ロボット先生」になってしまうのでしょう。

先生たちの置かれている現状

モンスターペアレントはほとんどの場合、「過保護な親」です。

反対に「放任主義の親」は、子どもの学校生活などにも無関心。僕の教えていた中学校の三者面談でも、放任主義の親からはいつも「欠席」の返事が来ていました。赴任していた学校では、必ず1度は生徒の保護者に会わないといけない決まりがありました。三者面談を欠席した親がいれば家まで訪問し、玄関の門越しにでも話します。お昼なのにパジャマ姿で出てくるなど、少々異様な雰囲気の親もいました。

モンスターペアレントになる過保護な親と、放任主義の親、どちらも両極端に振れていて、真ん中の「普通の親」が少なくなっているようにも感じます。

モンスターペアレントは、自分や自分の子どもを「お客様」と考える傾向にあります。「カスタマーハラスメント」と同様に、ありとあらゆる要望をぶつけてくるのです。要望を聞いてもらうのが当たり前、その割に給食費や教材費の未納も当たり前という、理不尽な考え方をしています。

それに対して**学校側も、「お客様」を受け入れるという意識になってしまっている**部分があります。生徒のことを「お子様」と呼んで、クレームが出ないように四苦八苦しているのです。

僕は「お子様」という言葉が大嫌いです。「お子さん」ならわかりますが、「お子様」と呼んでしまうと、生徒をお客様扱いしてしまうことにつながります。学校という教育現場は、生徒たちがマナーやルール、規律を学ぶ場所です。生徒の要望を一から十まで聞き入れる場ではないのです。

モンスターペアレントが増えていく背景には、核家族化が進んだことで、親たちが孤立していることもあるでしょう。本来であれば、子どもの祖父母が「昔はこうだったよ」と、過剰に心配する親をたしなめるのですが、いまは自分たちだけの価値観で「うちの子を特別扱いしてください」と要求してしまうのです。

モンペ同士で仲良くなって、おかしな方向に突っ走ってしまうこともあります。そうした人たちは「これまでの社会の常識」から外れていっているのだろうと、よく先生の間で話し合っていました。

またモンスターペアレントとの会話では、意思の疎通ができなかったり、話の最中にいきなり全然違う話が始まったり、などということがよくありました。先生の間では、「モンスターペアレントに対しては『話せばわかる』なんて思ってはいけない、彼らは宇宙人なんだ」と励まし合っていたこともありました。

少々ひどい考え方かもしれません。でも**そう考えないと、先生のメンタルがやられてしまう**のです。

真面目な先生ほど、鬱《うつ》になって辞めてしまっていました。新卒で「教育・学習支援業」

に就職した人が3年以内に辞めてしまう割合（離職率）は、2016年3月の卒業者で45・9％（ただし学校に加え、通信教育事業、学習塾、図書館・博物館・植物園などで働く人も含む）と半数近くになります。大卒者の全産業平均の離職率32・0％と比べても高い割合です。僕自身もそうでしたが、苦労して教員免許を取っても、理想と現実があまりにもかけ離れているため、志半《こころざしなか》ばで辞めてしまうのです。

モンスターペアレントへの対応は学校内でルール化されています。

何か言われたら必ず職員会議で情報共有。常に先生の間で、「最近生徒に舐められすぎていませんか」と確認し合います。親に対しても保護者会などの際に「何かあったら子どもに伝えるのではなく、直接私たち教師に伝えてください」と折に触れて伝えます。

保護者からのクレームが教育委員会に入ると、必ず教育委員会の担当者がその家庭を訪問して、事実確認をする決まりになっています。相手がモンスターペアレントで、明らかに理不尽なことを言っていても、何度も何度も同じクレームを入れてきても、決まりなので訪問しないわけにはいきません。その後、教育委員会から学校に指導が入ります。先生は親と教育委員会の板挟みになっているのです。

先生が助けを求められるのは同僚だけです。教頭や主任教師も、モンスターペアレントの情報は日頃から先生たちと共有していますし、ある程度は理解してかばってくれます。教育委員会に対しても「ここの親御さんはモンスターペアレントなので、きちんと対応しますが再度クレームが入るかもしれません」といったフォローをしてくれます。最近は教育委員会もある程度は理解してくれます。それほどモンスターペアレントが増えているからです。

ただ、それでも「教育委員会やＰＴＡの目が厳しいから、これからはちょっとあの生徒には気を付けて対応して」といった注意は受けることになります。

そのうちに先生たちもしんどくなります。

そして、クラス替えの時にモンスターペアレントの親を持つ子を、ジャンケンで押しつけ合ったりしてしまうこともあります。日本の教育はもうこんなところまで来てしまっているのです……。

先生たちの悩みはモンスターペアレントだけではありません。**いまの先生たちは、激務で大変なことになっています。**カリキュラムを組み、教育指導要領《きょういくしどうようりょう》を作成し、それから授業の準備。今度はプリントやテストの問題を作成して、生徒の成績管理をしてと、まったく時間がありません。

さらに部活動の顧問をやっている先生は、土日も出勤します。部活動の手当も付くには付きますが、生徒たちにジュースを1本ずつおごったらなくなってしまうほどです。

そんな中で、モンスターペアレントの対応に追われれば、パンクしてしまうのは当然です。教育現場は崩壊しつつあります。

2020年のコロナ禍では、もともと激務をこなしていた先生たちの仕事がさらに増えました。朝は「生徒よりも早く出勤し、生徒たちの検温《けんおん》をする」。休み時間には「子どもたちの手洗いを見守る」「子どもたちが密にならないよう常に目を配って注意する」。放課後には「教室内の机やイス、ドアノブの他にも、生徒が触れた備品を消毒する」などを行うようになりました。

さらに学校によっては、子どもたちの感染リスクを減らすために「給食の配膳《はいぜん》」「トイレ掃除」までもが先生の仕事となりました。これでは先生たちが倒れてしまいます。

あるNPO法人が2020年7月に行った教職員の勤務実態調査でも、公立小の56・4

％、公立中の64・３％の先生が、学校に残ったり家に仕事を持ち帰ったりして、過労死ラインとされる１カ月80時間以上の時間外労働をしていることがわかりました。

こうした先生たちの置かれている状況についてはもっと社会問題として世間に認識してほしいと、元教師の立場から願っています。

行政のポジティブな変化

暗い話が続きましたが、子育てや教育界においてはポジティブな変化も起きています。

つい最近まで東京都の23区では、１つの児童相談所が３つから４つの区を担当していて、完全にパンク状態でした。僕が育った大田区は品川区や目黒区とともに、「品川児童相談所」の管轄《かんかつ》でした。

そこで、児童虐待を防ぐために２０１６年に児童福祉法が改正され、これまでは児童相談所設置の権限が与えられていなかった東京都の23区でも、区の権限で個別に児童相談所を設置できるようになりました。これを受けて、現在は練馬区以外の22区に児童相談所が設置される予定となっています。

今後、児童相談所が増え、予算配分される方向になっていくのは喜ばしいことです。

ただし**子どもたちの「メンター」となれるようなスタッフは、まだまだ不足しています。**メンターとなるには、一定の教育・研修が必要です。例えばＣｏＣｏでも、スタッフになったばかりの子が、子どもたちに対してイライラしてしまう、ということはよくありました。もともとちょっとアウトロー気味な子がスタッフとなるので、スタッフ同士でケンカをしてしまうことも珍しくはありません。

そんな時には、イライラしているスタッフに違う仕事を与えて、気分転換してもらうことも必要です。そうした配慮のできるリーダーとなるスタッフの育成も求められています。

教育界では、昔からよく**「中高生は施設になつくのではなく、『人』になつく」**と言われています。お酒好きな人にとっての「バー」と同じ感覚です。行きつけのバーがある人は、お店の雰囲気や味よりも、マスターやバーテンダーが好きだから行くことのほうが多いのではないでしょうか？

それと同じことです。中高生の子どもたちも施設が好きだから行くのではなく、その施設にいる人が好きだから行くのです。

だからこそ、施設というハード面だけでなく、熱意を持ったスタッフというソフト面も併せて強化していくべきです。

ボランティア精神とは

ＣｏＣｏには熱意を持たないスタッフもよく来ていました。

「ボランティア」目的で来る大学生などです。なぜそのような大学生が来るのかというと、就職活動や教員免許取得のために必要な書類に、「ボランティア活動を行った時間」を記入するスペースができたためです。つまり、単位を取るためにボランティアをするようになったのです。

最初は単位を取りにきただけの子でも、そのうちに楽しいと思ってくれて、最終的にＣｏＣｏのスタッフになってくれたこともありました。なのでこの制度もまったくの無駄ではないと思います。

でも大半は、単位を取るために必要な時間だけボランティア活動をしにＣｏＣｏに来て、すぐにいなくなる人たちでした。「授業で必要なんでボランティアをさせてください」とやってくるのですが、彼らは自発的に動きません。「何かやることはありますか？」と尋ねてきて、「じゃあこれをお願いします」と頼むとやってくれますが、それが終わったら「次、何かやることありますか？」の繰り返しです。そして時間が来たら「お疲れさまでした。証明書にハンコ押してください」と言って、淡々と帰っていきます。

ただ単位を取るためだけにやって来る彼らが僕には理解できませんでした。彼らが悪いのではなく、**本来自発的にやるべきボランティア活動を義務化する制度を作った大人の責任**かもしれませんが……。日本の教育の末路《まつろ》と言えるでしょう。

まっすぐな道を歩まなくても大丈夫

親はどうしても、子どもに「いい大学、いい企業に入ってもらいたい」と考えてしまいます。

でもいまは日本の学歴社会も、いい意味で崩壊してきています。学歴至上主義でもなくなり、ドロップアウトした子が再起を図れる方法も増えてきました。高校を辞めてしまっても、「高校卒業認定」さえ取れれば高卒扱いで就職できたり、大学入試の受験資格を取得できたりします。大学編入システムなどで、大学に入るルートもあります。

また不登校の子たちが通うフリースクールも、構造改革特区《こうぞうかいかくとっく》の制度を利用して学校法人の認可を受けることが可能になりました。

僕が以前講師として通っていたフリースクールの「東京シューレ」も、当時は学校ではなくあくまで「居場所」扱いでした。それがいまでは学校法人となり、学校に行けなくなった不登校の子たち、学校を辞めてしまった子たち、中卒で18歳を超えている子たちなどを受け入れ、単位を取れば高校卒業認定を出せるようになりました。こうした制度によって、かなりの子たちがドロップアウトせずに学校を卒業できるようになったことは、とてもいい流れだと思っています。

コロナの感染防止のために実施された時差登校での少人数授業も、意外と好評でした。不登校気味の子や自閉スペクトラム症の子など、大勢の人と一緒に何かをすることが苦手な子たちが、学校に行きやすくなったそうです。そのため時差登校やオンライン授業などは、新型コロナ終息後も併用するという案が出ています。

これからの時代は、これまで画一的だった「学校」像が変わってくると思うと、楽しみでもあります。

もとちゃんから行政へ、4つの提言

僕は生まれ育った大田区で教育に関わっていたので、大田区を想定して、行政へ提言をしてみたいと思います。

まず一つ目は、**「子どもの遊び場や子どもを育てる場所が少なくなっているので、整備してほしい」**というものです。

いまは公園にあるアスレチックなども「危ないから」という理由で撤去されるようになりました。公園がただの広場になってしまったのです。それに加え、いまではほとんどの公園でボール遊びが禁止になっています。何もない空き地で、ボール遊びもできないのなら子どもたちは何をして遊べばいいのでしょうか？　公園がただの災害時の避難場所のようになっているのです。

子育て支援は行き渡ってきています。でも、子どもを育てる、遊ばせる場所が圧倒的に少ないのです。

「自治体が親代わりになって育てる」くらいの意気込みを持ってほしいと思っています。

二つ目は、**「子どもを権利の主体として、その子が生まれ持った権利を尊重できるような環境づくりを行政に行ってほしい」**というものです。

子どもは生まれた瞬間から、学校に行く権利、健全に育つ権利、幸せを掴む権利などを持っています。生まれた瞬間から、ひとりの人間として扱ってほしいのです。

乳幼児だからといって親に任せっきりではいけません。でもいまの日本では、子どもが親の所有物、親の付属品のような扱いになっています。

このような子どもの権利の尊重は、1989年に国連総会で採択された「子どもの権利条約」で定められており、日本は1994年に批准《ひじゅん》しました。ただこの条約の推進を明確にするための「子どもの権利基本法」も制定されていませんし、それを実施する「子ども庁」なども設置されていません。市民団体が地方自治体に働きかけ、「子どもの権利条例」を制定するように促したおかげで、100近い自治体で子ども条例が制定されてはいるものの、何もアクションを起こしていない自治体もまだまだたくさんあります。

選挙の時などに、政治家がマニフェストとして子どもの権利条例の制定を掲げ、子どもが健全に育つ権利をしっかりと守ってほしいと思います。

三つ目は、「**待機児童問題にもっと真剣に取り組んでほしい**」というものです。

大田区も努力している形跡は見られますが、保育園は、つくればつくるだけ待機児童が増えてしまいます。なぜかというと、「預けられる」と思うと、「子どもを預けたい」「仕事をしたい」と考える親がどんどん増えていくからです。

ちなみにこれは高齢者でも同様。利用料の安い特別養護施設《とくべつようごしせつ》を増やすと、待機高齢者がどんどん増えていきます。

保育園は基本的に、一番需要が多い年齢が0歳児で、次が1歳児です。認可保育園では、児童の安全を守るために、保育士の数が年齢ごとに定められています。0歳児は児童3人につき保育士1人。1、2歳児は児童6人につき保育士1人。3歳児は児童20人につき保育士1人。4、5歳児は児童30人につき保育士1人が付くように決まっています。保育業界は常に人手不足で、配置できる保育士の数が限られています。そのため0、1、2歳児クラスの受け入れ人数がどうしても限られ、待機児童も増えるのです。

そういった理由から、全年齢を受け入れ可能な認可保育園を1つ増やしても、0歳児の待機児童はなかなか減りません。

大田区以外の自治体では、0、1、2歳児だけを受け入れる小規模の認可保育園もできています。大田区にもその提言を出しましたが、なかなか受け入れてもらえず、10年近く経ったいまも実現されていません。

親の育休期間の終了も迫る中で、0歳児や1歳児を保育園に預けたい人は多いのに預けられない、だから仕事を辞めるしかない、という最低な状況なのです。

２０１６年に「保育園落ちた日本死ね!!!」というブログの記事が話題になりましたが、保育園探しに苦労したお母さんたちは、心の底から同意したのではないでしょうか？

四つ目はその待機児童問題とも絡んで、提言というよりも要望ですが、**「夫婦が共働きをする上で、キャリアを失わないで済む社会をつくってほしい」**というものです。

「夫婦で共働きをしたい」「子どもを産んでもキャリアを失いたくない」「男でも育児休業を取得したい」と考えることは、わがままでも何でもありません。人間として当たり前のことです。

そのためには各企業が努力して、子育てを励ましてくれる、背中を押してくれる社会づくりが必要です。「子育てがカッコいい」と言われるような社会が求められています。

２０２０年、小泉進次郎環境大臣が育休を取ったことについて、主にメディアからのバッシングがありました。でも僕は、堂々と育休を取った小泉大臣がすごくカッコいいと思いました。彼のように影響力のある人が、もっと育休を取ってほしいと思います。

これらの提言は、僕がＣｏＣｏの代表に就いていた時に、実際に大田区に提出した要望書からの抜粋《ばっすい》です。

この10年でまったく変わっていない部分が多くあり、とても残念に思います。特に大田区に関しては、無認可の保育園が3つしか増えておらず呆れてしまいます。

なんだか大田区の悪口のように聞こえてしまいますが、子育て環境は自治体によって大きく異なります。子育ての支援にもバラツキがあるのです。

ここでは大田区を1つのモデルケースにして、これからの日本に必要な子育て環境の改善について考えてみました。

みなさんも、子育てをしていて、「なんだかおかしいな、理不尽だな」と思うことがあれば、自分の住む自治体や近隣の自治体の施策について調べてみてください。そして、みなさんの声を行政に届けることによって、日本の子育ての未来が変わっていくのです。

小学生の子育て

ベストではなくベター

親の気持ちとしては、我が子にはできれば良い成績、成果を取ってほしいと思ってしまいますよね。

ただ、スポーツなど順位のあることでは相対評価となり、テストなど個別評価のものでもどうしても周りと比べてしまうため、結果ばかりに気を取られてしまいます。

その際に親は決して「ベスト」を期待せず、その子の**現状の「ベター」の結果を受け止めて、褒めてあげてください。**

ここで大事なのが、子どもに「ベスト」を目指させることです。一見矛盾しているように聞こえるかもしれませんが、要はベストを尽くすように声掛けをし、その結果はベストでなくても褒めてあげる。ただそれだけのことです。

ここで絶対にしてはいけないのは、ベターでもいいと声掛けをして手を抜かせたり、ベストの結果が出なかった時に「どうしてできないの」と感情的になってしまうことです。

「ベストを出せ！」と鼓舞《こぶ》し、全力で頑張った結果がベターでもいっぱい褒めてあげましょう。

言葉に出さないＳＯＳをキャッチして

子どもはストレスが溜まってくると、さまざまなＳＯＳのサインを無意識に出します。

例えば、

・いつも以上に甘えてくる
・ご飯をあまり食べなくなる
・ボーッとしていることが増える
・口数が少なくなる
・嘘をつく
・お腹が痛いなどの身体の異常を訴える

これらの変化を感じたら、すぐに声掛けをしてあげてください。

特に「甘え」や「ぼんやり」はなかなか気が付きにくいですが、子どもの代表的なＳＯ

Sサインです。

また、子どもは保身以外にも、自分を愛してもらうために嘘をつくことも少なくありません。その際は「なんで嘘をついたの」と責めたりせず、なぜ子どもが嘘をついてしまったのかをよーく考えてあげてみてください。

親が心配してくれるだけでも子どもは元気を取り戻します。

ここで大切なことは、子どもの小さな変化に気が付けるように、日頃の子どもの言動に注意してあげることです。

「ありがとう」「ごめんなさい」は幸せの合言葉

「『ありがとう』は魔法の言葉」

この言葉はいくつもの書籍に書かれているので、誰しも一度は目にしたことがあるのではないでしょうか?

僕も正に魔法の言葉だと思います。言われた人だけでなく、言った人も幸せになれる素敵な言葉です。

子どもにはできるだけ大人から「ありがとう」と言って、感謝される気持ち良さを教えてあげましょう。これはボランタリー精神の育成に最も重要なことであり、**自己肯定感を育む栄養剤となります**。

それと同時に「ごめんなさい」は、自分の非を素直に認め、申し訳ない気持ちを相手に伝える大切な言葉です。この「ごめんなさい」を言えない子どもが近年増加傾向にあります。その原因は至って単純で、ごめんなさいを言えない親が増えているからです。

いつも人の悪口ばかりを言って、自己正当化をする親を見て育った子どもはどうなるのか、簡単に想像できますよね。

自分の非を認めることがカッコ悪いといった間違った感情を抱くことで、精神的な成長をするチャンスを逃してしまいます。

相手が悪いと決めつけず、客観的に自分の行動を見直して非を認め、間違っていたら謝ることが決してカッコ悪くないことを、子どもに教えてあげてください。

小さいうちから自然に口をついて出てくるようになるのが大切です。

防犯対策の楽しい教え方

防犯対策と言えば「知らない人について行かない」「危険な場所には行かない」のようなありきたりな教え方をしてしまいがちですが、低学年の子どもにはあまりピンときません。言葉だけで教えられたことを、言われたとおりに行うのはなかなか難しいものです。

大切なのは、**子ども自身に危険を回避する判断能力を持たせること**。その方法として、通学路や習い事などでいつも通る道を一緒に歩きながら、

「いまからお母さん（お父さん）に見つからないようにかくれんぼしよう!」

「歩き鬼ごっこをしてお母さん（お父さん）から逃げよう!」

と提案してみてください。

その際に、子どもが「ここなら見つからない」「この道なら逃げやすい」など自分で考え判断することで、実践的な練習ができます。

ポイントは、〝歩き〟鬼ごっこにすること。普通の鬼ごっこではどうしても走って道路に飛び出したり、人にぶつかったりするので、ゆっくりと追いかけてあげてください。

路地裏や高い塀の上など、危険な所に行こうとした場合も「ここはダメ」と言うのでは

なく、「ここだともしこうなったらどうなっちゃう？」と子ども自身に考えさせ、危機回避能力を、遊びを交えながら身体で覚えさせてあげてください。

子どもと散歩しよう！

「最近子どもとゆっくりおしゃべりする時間が減ったな」と感じたら、一緒に歩いてみてください。

「買い物や習い事の送り迎えの車の中で会話はしている！」と言う方もいますが、お互いの顔を合わせずにした会話は、考えている以上に薄っぺらいものです。本心で話していないことが多く、目的地までの〝つなぎ〟程度でしかありません。会話の内容も覚えていないことが多いのではないでしょうか？

そこで、歩いて10分程度の距離なら一緒に散歩しておしゃべりしてみませんか？

一緒に歩くことで会話も生まれやすくなります。普段なかなか気が付かない道端の物、建物や街並み、風景などを見ることにより、脳内にシータ波という脳波が生成されます。

さらに、学習をする際に現れるという特徴を持ち、脳内で記憶の生成を担う海馬の新生ニューロンの分泌も促進されるので、できるなら普段通らない道や、少し遠回りをしてみることもお勧めします。

一緒に散歩をするメリットは、他にもあります。子どもの歩道の歩き方や、近所の危険箇所やその回避ルートなど、いろいろなことが見えてくるのです。

親子で公園に寄り道するのもいいですね。

毎日同じルートを通り、車の中では子どもがスマホやゲームをしている光景が、少しでも減ることを心から願っています。

友だちと遊ぶことはとても大切

子どもが人間関係を育む上で大切なものの大半は、子ども同士の遊びを通して培われます。たくさん笑い、友だちを励まし、時にはケンカをしたり、だまされたり傷つけ合うこともあります。

そんな体験から**子どもは人との付き合い方を学んで成長していきます**。

「子ども同士で遊ぶこと」は、子どもが持つ力のありったけを注ぎ込んで、人とぶつかり、戦い、喜び、悲しみ……正に生きることそのものです。

「親」という漢字が示すように、親は〝木〟の上に〝立〟って子どもを〝見〟守ってあげることが大切です。何でもかんでも親がやってあげて、四六時中一緒にいるのではなく、子ども同士で遊ぶ自由な時間を積極的に大人がつくってあげましょう。時にはアドバイスをしつつも、あくまで間接的に温かく見守ってあげるのです。

第4章

誰でも「カッコいいパパ」になれる!

父と
週末はクタクタになるまで遊んでくれた

子育てにおける父親の役割

第4章では、これまでの子育て研究では母親よりも軽視されがちだった「父親」の役割にフォーカスします。

世の父親は、「カッコいいパパ」を目指すべきです！

それはお父さんのためというよりは、子どものため。子どものためには演じてでも「カッコいいパパ」でいなければいけません。

僕がこんなことを言わなくても、多くのパパは、子どもの前ではカッコつけているのではないでしょうか？　子どもの前で泣きわめいたり、「俺なんてダメだ」と悲嘆《ひたん》にくれたりしている父親なんて、ほとんどいないはずです。

健全な環境で育った子どもは、必ず「幼児的万能感《ようじてきばんのうかん》」を持ちます。「自分は何でもできる、何にでもなれる」と信じる心は、自己肯定感の根っことなる必要な感情です。ただしこの幼児的万能感は、成長の過程で現実と向き合い、挫折を味わいながら打ち砕かれる必要があります。その経験を経て、客観的な「自分の身の丈」を知ったり受け入れたりして、自分らしく生きられるようになるのです。

この幼児的万能感を打ち砕くのに最適なのが、子どもにとって身近な父親という存在です。大きな乗り越えるべき「自分より上の目標となる存在」の父親がいることで、「自分はお父さんに敵わないな、お父さんはすごいな」と尊敬するようになり、自然と万能感が薄れていくのです。

父親を尊敬できないと、子どもは幼児的万能感を抱いたまま大人になってしまいます。そして、社会に出てからようやく「自分には敵わない」と感じる相手に出会うのです。すると、急に挫折感を覚えたり、自己嫌悪感に襲われ卑屈になったり、反対にナルシストになったりしてしまうと言われています。

父親、あるいは母親などの身近な大人を子ども時代に尊敬するかしないかで、その後の人生に影響が出ます。なので、子どもが「尊敬する人は誰ですか」と聞かれた時に身近な大人の名前を挙げるなら、子育ては成功したと思っていいでしょう。

3歳までは「ゴールデンエイジ」

では具体的に、どうすれば子どもは父親のことを尊敬するようになるのでしょうか？

そのためには「**3歳までにパパと一緒の時間をたくさん過ごす**」ことです。

なぜ3歳なのかというと、人間の脳は3歳までに80％、6歳までに90％、12歳までに100％完成することが、大脳生理学の観点からわかってきたからです。ユニセフ（国連児童基金）が2001年に出した「世界子供白書」は、子どもの脳が発達していく時期には、親をはじめとする大人たちとの経験や対話が脳に大きく影響し、さらにはその後の子どもの性格も左右するとしています。


3歳は、親や先生に言われたことを理解するようになって、「野生動物」から「人間」に変わり始めるターニングポイントなのです。そこからしつけによって社会的ルールを学ばせる「教育」の段階に入っていきます。幼稚園のプレ・スクールなどで教育を受けさせるのも、3歳ごろからであるケースが多くなっています。

男の子も女の子も、パパと3歳までにたくさん触れ合うことで、「ママと自分」という二者間の関係性だけでなく、「パパとママと自分」という三者間の関係性を理解します。**多くの人と触れ合うことで、「社会性」を身に付けていきます。**

3歳までに子どもと触れ合う時間を多く持つことが大切です。特別なことでなくても構いません。子どもと公園で走り回る、ボール遊びをする、絵本を読むなど、子どもにとってはすべて貴重な経験です。お父さんの趣味に、子どもを巻き込むのもいいでしょう。

そうやって一緒に過ごす中で、子どもはだんだんと「パパはすごい」と思うようになります。「すごいと思わせるほど得意なことなんて、何もないよ」と思うパパもいるかもしれません。でも、少なくとも3歳児よりはパパのほうが何でも遥かに上手なはずです。縄跳びをするだけでも、子どもを軽々と抱き上げるだけでも、「パパはやっぱりすごい！スーパーヒーローだ！」と3歳児は思います。子どもから何か質問をされた時にも、「ちょっと待ってね」と一瞬でネット検索して教えるだけで、「わあ、物知り！」と3歳児は感動してくれるでしょう。

３歳までのかけがえのない時期に、子どもとの思い出をたくさんつくってほしいのです。母親が「ワンオペ育児」で育児を一身に担い、父親は平日仕事から帰ってきても子どもの寝顔を見るだけ、土日も疲れているからと子どもと遊ばないなんて、とてももったいないことです。

お父さんが子どもとできること

僕自身を振り返ってみても、父と一緒に過ごす中でたくさんのかけがえのない経験をしてきました。その経験のすべてがいまの僕につながっています。

僕の父はとても多趣味な人でした。ボウリングはマイボールを持っていますし、スケートもマイシューズを持っていました。サーフィン、スケートボード、ドラム、ギター、ベース……何でもやっていたのです。

週末は僕たち3兄弟を遊びに連れ出してくれます。やることは毎週違いました。いま思うと単純に父の気分でやることを決めていたのかもしれません（笑）。でも、遊ぶ時は必ず僕らにやり方を教えてくれていました。

たとえ得意なことがなくても、何かをお父さんとやることが大切なのです。

僕が小学校低学年の頃、父と一緒にキャンプに行きました。その時初めて「火起こし」に挑戦しました。父にとっても初めてだったのでしょう。1時間くらい試行錯誤《しこうさくご》しながら粘っても火がつかず、「できないねぇ」と言い合って終わりました。でもその時間は、いまでも覚えているほどのいい思い出です。

できないことも含めて、子どもと一緒に学び、成長していくのも一つの父と子のあり方です。たとえうまくできなかったとしても、それはカッコ悪いことではありません。

また、親が好きなことは、子どもも好きになる傾向があります。

親が好きでやっていることを子どもも小さいうちから経験すると、だんだん周りの子どもとの差が広がっていきます。すると、自己肯定感が高まり、もっと上を目指そうという気持ちになっていくのです。

逆に言うと、親が「苦手だからやらない」ということも子どもに影響してしまいます。食べ物の好き嫌いも、親が嫌いな食べ物は子どもも嫌いになることが多いそうです。

多趣味な父との思い出

僕はシンガーとしても活動していますが、**音楽についてはすべて父から習いました。**ドラムやギターをＣｏＣｏで子どもたちに教えていた時は、父から教わったことをそのまま伝えていました。

物心ついた頃から父がギターやベース、ドラムを演奏する姿をずっと見ていたおかげでいろいろな楽器が得意になりました。父も子どもたちに楽器を教えるのが好きだったようです。

はじめに教えてもらったのは、ドラムです。ギターを弾く父、ピアノを弾く母の横で、僕がドラムを叩きます。父は幼い子ども相手にも、「適当に叩くのではなく、リズムを刻め」などと本格的に教えてくれるのです。

小学校に上がる頃にはギターを習い始めました。子ども用ギターでもまだ手が小さく、ローコード、ハイコード、バレーコードなどの弦の押さえができなかったので、「カポ」という楽器に固定するバンドを付けて演奏していました。ギターで初めて弾けるようになった曲は南こうせつやザ・ベンチャーズです。子どもにしては渋い選曲ですが、おそらく父のお気に入りだったのでしょう（笑）。

父は料理も好きでした。会社から帰ってきたら、すぐにラジカセで音楽をかけながら自分でつまみを作り、お酒を飲んでいました。寝る前には子どもたちに、カセットテープで南こうせつの曲などを子守歌代わりにかけてくれました。

いまだにこの頃聞いていた曲が流れてくると、若かりし日の父の姿が目に浮かびます。その思い出が色あせないように、思い出の曲はたまにしか聞かないようにしています。

バイクに乗っていた父の姿もよく覚えています。3兄弟を順番にバイクの後ろに乗せて町内を1周したり、近くの大きな公園までバイクで連れていってくれたりしました。

僕にバイクの乗り方を教えてくれたのも父です。バイクの免許を取るために教習所に通っていた15歳の頃は、反抗期の真っ盛り。それでもバイクの乗り方を教わる時は、素直に父の言うことを聞いたものです。

そんな多趣味な父ですが、案の定、昔から怪我ばかりしていました。バイクで転んで骨折など、日常茶飯事です。

自分でもそのことを笑い話にしていました。しょっちゅう入院をしては会社を休むので、その頃は実家のことをみんなで「労災ホーム」なんて呼んでいました。


父は２０１６年に亡くなりましたが、こうして父のことを振り返ると、いっぱい遊んでもらったことばかりが思い出されます。「あんなこともしたな、こんなこともしたな」「お父さんはこの曲が好きだったな」といった素敵な思い出を、**父から子どもにたくさん残してあげてほしい**と思います。

しつけでは両親の意見を統一する

３歳ごろから行うしつけでは、父親と母親の教育方針を一致させることが大切です。あらかじめ２人で話し合っておく必要があるでしょう。

例えば母親が「こんなことをしちゃダメだよ」と言う時に、父親が「そのぐらいいいじゃないか」などと言ってはいけません。父親と母親が違うことを要求してきては、子どもに大きなストレスがかかります。

こうした矛盾した命令を「ダブルバインド（二重拘束）」と呼びます。長く続くと、子どもは精神的に不安定になることもあると言われています。

また、父親と母親がお互いの悪口を言い合うと、子どもの情緒が不安定になることがわかっています。子どもが「パパが嫌い」などと自分から発する言葉を聞くだけなら構いません。ただ、**親が子どもに相手のことを悪く言うことは、絶対にしてはいけません。**

どんなにケンカをしていても、どんなに仲が悪い夫婦でも、子どもの前では仲の良いフリをしてください。それだけで子どもの心は安定するはずです。

ダブルバインドについては、些細《ささい》なことまですべてを両親で統一しなければいけない、というわけではありません。父親と子どもが遊びにいって、「お母さんに内緒ね」とアイスを買ってあげる、娘が母親に「お父さんには内緒だよ」と女同士の秘密の打ち明け話をする、などといったことは問題ありません。遊んでいる時に「もっとこうしたほうがいいだろう」「いや、こっちのほうがいいんじゃない」とちょっと言い合うのも構いません。

ただ、教育をする上での柱となる「方針」の部分は2人で共有しましょう。子どもがいけないことをして叱る時は、親同士の意見が揃っていることが大事なのです。

父親と母親の役割分担

叱る時は、父親と母親で役割分担をするのも効果があります。

片方が叱ったら、もう片方は「次は気を付けるんだよ」などと優しくフォローアップをする、といった具合です。両親の意見が対立しているわけではないので、これなら子どもも混乱しません。

両親のうちのどちらか1人の時に叱った場合は、後でそのことをもう1人に伝えましょう。例えば仕事から夜遅く帰ってきた父親に対して、「実は夕方、子どもがこんなことをやって、厳しく叱ったの」などと母親が伝えておくのです。

それから翌朝にでも父親は、子どもに「おまえ、あんなことやったんだって？　どうしてやったんだ？」などと話を聞いてあげましょう。

叱る役割とフォローアップをする役割は固定させないほうがいいかもしれませんね。母親が怒った時には父親がカバーする、逆に父親が怒鳴った時には母親が優しくします。子どもはどうしても甘やかしてくれるほうを好きになりますから、叱り役をどちらかに固定しては不公平になってしまうのです。

子どもが本当にいけないことをしてしまって、厳しく叱らなければならない時は、より威厳のあるほうが叱りましょう。

厳しく叱るのは、父と母のどちらでも構いません。でもいまの日本だと、子どもは母親と過ごす時間のほうが長いので、母親は甘やかしてあげる機会を増やして、父親が厳しく叱ることになるでしょう。

ただ、父と母の役割分担を明確にしたほうがいい、という意見には僕は疑問を感じています。「父と母の役割」に関する本もたくさん出ていますし、それを熱く語る大学の先生も多くいますが、あまり納得はできていません。

父親だから、母親だからと、性別によって役割を決める必要はないのではないでしょうか？　どうしても時代錯誤《じだいさくご》に感じます。それぞれの得意なこと、不得意なことで考えたほうが、より自然に子どもに接することができるのです。

シングルの親の子育て

よくある質問で、「シングルファザー／シングルマザーですが、子どもに悪い影響はないでしょうか？」というものがあります。

結論から言うと、**シングルファザー／シングルマザーでもまったく問題はありません。**

保育士をしている僕の母も、よく「シングルになって、子育てが不安です」と若い親から相談されるそうです。でも、シングルであろうと、父と母で子育てしようと、2章でお伝えした「とにかく子どもを受け入れ、全力で愛を注いであげて、3歳からゆっくりとしつけを教えていく」ことを実践すれば、子どもは立派に育ちます。

1000人以上の子どもを見てきた僕の経験からもこのことは言えます。シングルの親の子どもがとても立派に育つこともあれば、両親が2人ともモンスターペアレントの子どもが、不健全に育ってしまうということもありました。

親がシングルかどうかは、子どもの発育には何の関係もないのです。

シングルマザーの悩みで、「自分が父親と母親の役割の一人二役を担うべきなのだろうか」というものがあります。でも無理をして「カッコいいママ」になろうとしたり、威厳を持とうとしたりする必要はありません。好きなことを子どもと一緒に取り組んで、「お母さん、すごい！」と思われる**「尊敬される母親」を目指してください。**

シングルの親の課題としては、親に恋人ができた時に、愛情が子どもからその恋人に移ってしまうことだけです。

近年では、シングルマザーの恋人や再婚相手（継父《けいふ》）が、シングルマザーの子どもを虐待して、ひどい時には死なせてしまうという悲惨なニュースをよく耳にするようになりました。

シングルマザーでも、もちろん恋はして構いません。問題は、**その「恋」が、子どもへの「愛」を上回ってしまうこと**です。まずはしっかりと子どもを愛すること。それができて初めて、新たな恋へ踏み出す権利を持てるのです。もちろんこのことはシングルファザーにも言えます。

そこだけをしっかりと覚えておけば、シングルの親でも何一つ負い目に感じることなく子育てができます。

「イクメン」という言葉をなくそう

日本には「イクメン」という言葉があります。「育児を積極的に行う男性」のことです。

僕は以前から、この「イクメン」という言葉に違和感を持っていました。男性が子育てをすることは、そんなに特別でしょうか？　女性が子育てをするのは当然、男性が同じことをしたら「イクメン」ともてはやす。なんともおかしな話です。

イクメンという言葉が使われ始めた２０１０年、厚生労働省が「イクメンプロジェクト」を立ち上げます。そこで「イクメン」は一気に市民権を得ました。

イクメンプロジェクトとは、「働く男性が育児をより積極的にすること、育児休業を取得することができるよう、社会の気運を高めるためのプロジェクト」のことです。現在政府が推進している、男女共同参画、働き方改革の一環となっています。男性も育休を取れるし、男性が子育てをしても恥ずかしくない、さらには専業主夫になったっていい、ということを伝えるために「イクメン」という言葉が活用されました。

しかし「イクメン」という言葉は独り歩きをしてしまいます。オムツを変えるだけ、ミルクをあげるだけで「わー、イクメンだね」などとチヤホヤされる風潮があります。こんな世の中はおかしくないでしょうか？

女性の社会進出は進みました。世界では女性の首相や大統領もいます。日本でも知事や企業のトップに女性が就任することは珍しくなくなりました。**長く続いた「男尊女卑《だんそんじょひ》」の考え方を捨てて、次のステージに踏み出すべき**なのです。もっと働き方改革を進めて、「イクメン」という言葉がなくなるくらい、子育てにおいても男女平等の世の中になればいいと思います。

「生物学的に育児は母親がするものだ。母乳は女しか出せない」などと言う、古い考えの男性もいるかもしれません（もしかしたら女性も？）。でもそんな「**母乳神話**」**も、もはや過去の話**。昔は「母乳で育てなければ免疫力が低下する」と言われていましたが、いまでは「生まれた直後の初乳を、産後2、3日だけしっかりとあげられれば、後は粉ミルクでも問題ない、母乳に負けないくらいの栄養価を与えられる」ということがわかっています。

子育て中のお母さんがお父さんにしてもらいたいこと

父親が家事・育児に積極的に取り組むのはもちろん大事なことですが、母親が父親に望むことは何なのでしょうか？　乳児を持つ母親を対象にしたあるアンケートでは、興味深い結果が出ています。

僕の母が長年事務局次長を務める「全国父母の会連合会（父母連）」が、約1万人の会員にあるアンケート（回答率40％）を行いました。

「あなたは家事・育児に協力してくれる夫と、話をよく聞いてくれる夫のどちらがいいですか？」という質問です。

結果は、「話をよく聞いてくれる夫」。子育て中のお母さんは、夫に家事・育児を手伝ってもらうよりも、**話を聞いてもらうほうが嬉しかった**のです。これは僕にとっても、意外な結果でした。

でもよく考えてみると、お母さんはまだ会話のままならない乳児を一日中相手にしているのです。それなのに夫が夜遅く「ただいま」と帰ってきて、「今日疲れたよ」と一方的に会社の愚痴を話し、酒を飲んで風呂に入って寝てしまっては、確かに不満だらけになることでしょう。妻も話の通じる「大人」と会話をして、コミュニケーションを取りたいと思うのは当然です。

特に女性は、男性に比べて「会話脳」が発達していると言われています。必要事項を伝達するといったことよりも、無駄話のほうに満足感を得て、それがストレスの発散にもなるのです。

子どもと会話をできるようになったり、子どもが保育園や幼稚園に入って母子ともに外の世界に出かけるようになったりすれば、また状況は変わります。それまでは乳児のいる家庭では、夫がしっかりと妻の話に耳を傾けるようにしましょう。

子育てにおける祖父母の役割

次に視点を少し変えて、子育てにおける祖父母の役割を考えていきます。

僕が子育てに関する講演会を行う時も、「祖父母はどう子育てに関わればいいか」といった質問をよく受けます。いまは祖父母世代の方々も子育て（孫育て？）に熱心なようですね。

祖父母の良さは、親とは違う視点で子どもを愛してあげられる点です。親はどうしても子どもに対して、「将来こうなってほしい」という期待や目標を持って子育てをしてしまいます。だからこそ、必死になりすぎたり、焦ったり、苛立ったりしてしまうのです。

一方で祖父母は、余裕を持って孫に接することができます。孫の将来はあまり気にせずに、**「いまの孫」が笑っている顔を見たい、喜んでいる姿を見たいと思える**のです。祖父母にとって孫は「自分たちが教育をしなければいけない相手」ではなく、「ただただ可愛いだけの存在」。親たちに「そんなに甘やかさないで！」と注意をされても、どうしても甘やかしてしまうものです。

祖父母が孫と関わる中で気を付けなければならないのは、親の教育に口を出さないことです。どうしても口を出さなければいけない、と判断した時も、**孫に直接言うのではなく、まずは親に伝えることにしましょう。**

なぜなら、夫婦で教育方針を一致させなければいけないのと同じで、親と祖父母の間でも言うことに矛盾を生じさせてはいけないからです。

しつけは基本的に親がするもの、ただしどうしても言いたいことがあったら、まずは親に伝える、ということを心がけてください。親と祖父母の間で意見が一致した後は、祖父母から直接孫にしつけをして構いません。

しつけは「現行犯逮捕」が有効と言われています。子どもが悪さをしたら、その瞬間に叱ることで、「これはいけないことなんだ」と、子どもの心に深く刻まれるのです。

マーケティング用語に「シックスポケット」という言葉があります。

いまは少子化が進み、子ども1人に対して両親と、双方の祖父母の計6人がモノを買い与えることを指しています。

特に祖父母は孫にお金を掛けることに躊躇《ちゅうちょ》しません。以前「プリンセス姫スイートTV」というYouTubeチャンネルに出演していた時、協賛のおもちゃメーカーの方から聞いたのですが、おもちゃメーカーは主に祖父母をターゲットにするようです。

YouTubeを見る子どもたちは、繰り返し何度も同じ動画を見ます。紹介されたおもちゃをおねだりするのですが、それを買ってあげるのは主に親ではなく祖父母、ということです。そう考えると、経済を回すためにも、祖父母と孫の関係は良好であったほうがいいですね。

ただし、「テレビゲームは禁止」と両親が決めているのに、それを破って勝手にゲームを買い与えたりしてはいけません。何かを買い与える際には、まずは両親に相談しましょう。

「おじいちゃん」「おばあちゃん」という存在は、孫にとっても大切なものなのです。「教育に口を出さない」ということだけしっかりと心がけて、たくさん孫を可愛がってあげてください。

思春期の子どもとの接し方

よくお父さんが、「思春期の娘から、避けられているんじゃないか……」と気にすることがあるようです。

ご安心ください。それはどこの家庭でも同じですから。

思春期の女の子が父親のことを嫌いになるのは、**遺伝子レベルで起きる現象**です。人間だけでなく、チンパンジーやオランウータンなどの高等《こうとう》哺《ほ》乳動物《にゅうどうぶつ》では必ず起きます。これは近親相姦《きんしんそうかん》を避け、先天異常を持つ子が生まれないようにするための機能です。お父さんが娘に避けられるのは、生物学的に仕方のないことなのです。

逆に思春期の男の子は、母親に嫌悪感を持つようになります。例えば自分の母親がセクシーなランジェリーを着ている姿を想像するだけで、男の子は鳥肌が立ちます。

どんなにカッコいいお父さんであろうと、美人なお母さんであろうと、異性の子どもには必ず一度は嫌われます。それは遺伝子レベルの健全な発達段階によるものなので、「悲しまないでください、一時的なものです」としか言えないですね。

その時期が来たら、近づきすぎず、距離感を保って見守りましょう。

僕も母に嫌悪感を持つようになったタイミングをはっきりと覚えています。小学3年生くらいの頃から、母の飲みかけのコップなどに口を付ける、いわゆる「間接キス」が嫌になりました。特別な理由など何もないのに、なぜか突然嫌になったのです。

ちなみに僕が３、４歳の頃、母はキスをするとすごく喜んで「元気１００倍!」なんて言ってくれました。それが嬉しくて、いつも「いってきますのチュー」「おやすみのチュー」などと、たくさんキスをしていました。

でもそんな幸せな日々も、ある日突然終わりを迎えてしまうのです……（笑）。

亡くなった父に伝えたいこと

父は4年前、がんに関連した動脈瘤《どうみゃくりゅう》で亡くなりました。薬では治療ができない病気です。本人は病名を知っていましたが、初めは僕たち子どもにも隠していました。

がんで余命わずかだとわかった時にも、「**がんなんて全然へっちゃらだよ、何も怖くねぇよ**」と、気丈に振る舞っていました。

入退院を繰り返しながらも、会社に行ける時は行って、頑張って働いていました。僕もSNSなどで、常に父親へのメッセージを書き込み、励まし続けていました。

抗がん剤治療をしたり、放射線治療を5種類受けたりと、大変な思いをしても何一つ効果がありませんでした。吐き気とひどい頭痛で、父は本当に苦しかっただろうと思います。

それでも、抗がん剤治療で髪が抜けた頭を見せながら「どうだ、坊主頭もカッコいいだろ？　写真撮ったっていいんだぞ」などと言ったりして強がったのです。「あの看護師さん可愛いな、おまえ、ちょっと声掛けて来いよ」とふざけたりして、弱った姿を息子の僕には決っして見せませんでした。

次第に浮腫《ふしゅ》もひどくなっていき、血管も膨張して断裂し始めました。医師から「次の治療でダメだったら、緩和治療《かんわちりょう》に切り替えますか？」と訊かれた時に、僕は号泣してしまいました。

緩和療法とは、延命のための治療ではなく、ただ痛みをとるために行うものです。それから、父の死を待つだけの時間が始まりました。

僕にできるのは、見舞いに行くことだけ。でも僕が行くと、父は立ち上がるのもしんどいはずなのに、病室の車いすを指して「これ勝手に置いてあんだよな。邪魔なんだよ」と、よろけながら自分の足で歩き始めるのです。ずっと気丈に振る舞い続け、「がんなんて、別に治療しなくたって治るんだよ」と話していました。

僕は、**父が弱音を吐いているところを一度も見たことがありません**。子どもの僕の前では最後まで「カッコいいお父さん」でいたかったのでしょう。

父が「がんなんて全然怖くねぇよ」と言っていても、大人の僕はそれが強がりだとわかっていました。それでも笑いながら「怖くねぇ」と言っている父が、僕には本当にカッコよく見えました。

父が亡くなった直後のことです。

僕が実家の父の部屋を整理しにいくと、そこには僕が小学生の頃に小遣いを貯めて買ったプレゼントが全部並べてありました。もう飲み終わった空のウイスキーボトルなんかも、大切そうに飾ってあります。

それを見た瞬間、僕の目からは涙があふれでて、止まらなくなりました。それまで父の部屋にはほとんど入ったことがなかったので、こんなことをしているなんてまったく知らなかったのです。「**こんなにも僕たち子どものことを大切に思っているんだな**」。そう思うといまでも涙ぐんでしまいます。少しずつでも遺品を整理しなければいけないのですが、その部屋はいまだに片付けることができません。

父との思い出はたくさんあります。中でも一番思い出に残っているのが、父と弟と一緒に海に行った時のことです。

まだ小さかった僕と弟が海で一緒に泳いでいると、弟が浮き輪から抜け落ち溺《おぼ》れてしまいました。僕らは沖のほうまで行っていて、父は浜辺で寝っ転がってお酒を飲んでいます。「どうしよう、このままじゃ弟が死んじゃう！」。そう慌てている僕の目に次の瞬間、すごい勢いで海を泳いでくる父の姿が映りました。

間もなく僕らのいた場所にたどり着いた父は、弟を背負って岸へと戻りました。まさに一瞬の出来事。ただだらけているように見えた父も、僕たち子どもに対して常に注意を払っていたのです。

その姿はまさにスーパーヒーローでした。僕はその出来事を「カッコいいお父さん」という題名で作文に書きました。

父が亡くなってから、僕は毎年お盆の時期になると父の夢を見ます。今年は一緒に海に行く夢でした。父はいまだに僕のことを見守ってくれている。僕はそう信じています。

中学生の子育て

服装や態度の乱れは大人になり始めた証拠

「もっとちゃんとした服装をしなさい」「その態度はなに?」「言葉遣いを直しなさい」この時期にはついこう言いたくなってしまう親も多いのではないでしょうか。

中学生は子どもから大人へと成長する過程で、特に親や大人への反発心が強く出てしまいます。

そんな時に親から説教をされると、余計に聞き入れられないものです。実際僕もそうでした。

また中学生くらいになると、「仲間外れになりたくない」と思い始めたり、流行に敏感になったりもします。「目立ちたい」「認められたい」という気持ちも大きくなります。**社会的評価を気にするのではなく、自分の存在を主張したい気持ちが強くなる時期**なのです。

そういった気持ちを無理に矯正《きょうせい》しようとするのではなく、理解した上で話し合う機会をつくってみてください。

ここで大切なのは、従来の常識ばかりを当てはめず、

「あなたの良いところはここなのに、そんな格好したらもったいなくない？」

「髪を染めるのはダメじゃないけど、その分中身をしっかりしないと不良に見られやすいから、努力が必要だよ」

「眉を剃るとせっかくの優しい顔がきつくなって損じゃない？」

など、**具体的に世の中の大人から見た姿を話してあげてください。**

その際は、絶対に否定しないようにしましょう。その子の考えも聞いてあげた上で、客観的な意見を伝える程度にしてあげてください。

すぐには変化は見られないと思いますが、その時伝えた言葉は子どもの心に残ります。自分の中で葛藤して、自分なりの答えを見つけ出すきっかけにつながるのです。

大人は子どもの模範でいなければいけない

ゴミを平気でポイ捨てする大人。

人にぶつかっても謝らずに舌打ちする大人。

横断歩道で信号を無視して渡る大人。

電車の中で大声で電話をする大人。

ルールやマナーを守らない、見た目だけ大人になってしまった「子ども」が、世の中にはたくさんいます。これでは大人がいくらルールやマナーを守るように注意しても、思春期の子どもたちは従いません。

実際に僕が中学校で教えていた時の話です。登校の際に青信号が点滅していたので、慌てて走って横断歩道を渡ったことがありました。

その日、何人かの生徒たちが「朝、大河内先生が信号無視していた」という話題で大いに盛り上がっており、「しまった……」と猛省したことをいまでも覚えています。

常に生徒から見られているという意識で行動していたので、信号無視などはもちろんしません。ただ、点滅時とはいえ、慌てて渡っていた姿は、生徒から見たらきっと悪い大人の行動だったのでしょう。

ましてや当時の僕は体育教師として、服装や頭髪など風紀の指導を行う立場でした。このような小さなこと1つでも悪いお手本となってしまうのです。

ルールやマナーは、**親や地域の大人がまず自らしっかりと守って模範を示さなくては、**

子どもは絶対に聞き入れてくれません。

「大人は特別」「大人だからいいの」は子どもには通用しないと考えてください。

手伝いは親子の絆と子どもの自己肯定感を育む

炊事、洗濯、掃除など、毎日行う家事はたくさんあります。

それらをうまく子どもに分担させることができれば、家族の一員としての団結力や、家族の絆を深めるいいチャンスになります。

将来子どもが一人暮らしする際ももちろん役立ちますし、自立への第一歩として、お家でのお手伝いをみんなで分担して行う提案をしてみてください。

「野菜の皮を剥けるかな?」

「洋服は上手にたためたかな?」

「お部屋の片付けはバッチリ?」

どんな小さなことでも、うまくできたら褒めてあげてください。親から褒められ、認められることで、自信や達成感も養われるのです。

黙って出ていく癖を治す

気が付いたら子どもが出かけていて、いつの間にか帰ってきている。そんなことが当たり前になっていませんか？

「出かける時はひと言声を掛けていきなさい」

と何度言っても、何が面白くないのかブスッと出ていく。

でも振り返ってみれば、誰にもそんな時期があったのではないでしょうか。

実際に僕も、いちいちどこに出かけるのかを家族に伝えるのが面倒くさかったのか、それともダサいと感じてしまっていたのか、実家にいた頃はほとんど無言で出かけてしまっていました。

この歳になり、声掛けの大切さに気が付きました。みなさんも親になったからこそ、子どもを心配するようになり、声を掛けてほしいと思うようになったのです。ケンカにならない程度に親の気持ちは伝え続けましょう。

うっとうしがられても習慣になれば、「ちょっと○○まで行ってくる……」のひと言を言ってくれるようになるかもしれません。このひと言があれば、誰とどんな付き合いをしているのか、危ないところに入り浸っていないのかなど、ある程度把握もでき、少し安心できますね。

諦めずに、子どもが出かけようとしたら「どこに行くの？」と繰り返し聞いてあげてください。

「どこに行こうがこっちの勝手じゃん」と返されるなら、**「何時くらいに帰ってくる？」だけでも聞くようにしてみましょう。**

ダイエットについて一緒に学ぼう

思春期は横にも縦にも伸びる時期で、体重の増減が激しいのが普通です。

食欲が旺盛になり、少し太り気味になってしまったり、逆にもともとぽっちゃりしていた子が、一気に身長が伸びて痩せ型になったりとさまざまです。

しかし、本人からすれば、どうしても自分の体型にコンプレックスを抱きやすい時期でもあります。

理想のプロポーションを目指して、必要以上の食事制限などの無理なダイエットをすれば、体調を崩したり健康を損なったりしますし、精神面にも悪影響が出ます。

まずは親から、**子どもがダイエットに夢中になっている理由を、きちんと聞いてあげることが大切**です。

その上で、本当にダイエットがその子に必要であると判断したなら、明確な目標と手段を一緒に考えてあげましょう。そうすれば無理なダイエットによる体調不良や、情緒不安定にも歯止めがききます。

この時に注意しなければならないのは、ダイエットをしたい理由についての話し合いで、ただ「太っているから」と子どもが主張してきた時です。肥満と診断されたわけでも、見た目に太っているわけでもないのに、ただそのように言ってくる時は、強迫観念《きょうはくかんねん》による精神疾患《せいしんしっかん》の可能性もあります。時には摂食障害を併発させてしまったりと、入院が必要になるほど深刻な場合もあるので、早めに医療機関に受診させましょう。

年に数回、家族で集まる記念日を

子どもが小さい頃に、誕生日のお祝いを家族で行った家庭は多いと思います。

それがいつの間にか簡略化されていき、家族にメールで「おめでとう」と言うだけの人や、それすらもしない人が増えているそうです。

ここで僕から提案があります。小さいお子さんをお持ちの人はもちろんのこと、その他の家族の誕生日も、**みんなで集まってお祝いをしませんか？**

例えばお父さんやお母さん、おじいちゃんやおばあちゃんなどの誕生日も、家族みんなで集まる、という決まりをつくってみてください。

その際、子どもの誕生日に出てくるようなケーキやプレゼントを用意する必要はありません。誕生日の人が好きなメニューであったり、メッセージカードの1つでも準備すればいいのです。

家族全員の誕生日といっても、年に数回しかありません。普段から家族と接する機会が減って、友だちと一緒にいるほうが心地良く感じるこの時期だからこそ、家族で集まるきっかけづくりにみんなで誕生日をお祝いするのはいかがでしょうか？

この誕生日会の積み重ねは、必ず子どもの心に家族の暖かい思い出を残します。

僕はいまになって、なんでもっとたくさん家族で集まる機会をつくらなかったのだろうと後悔しているくらいです。

もちろん誕生日にこだわらずに、○○記念日といったものをつくってもいいのですが、手っ取り早く、かつ間違いのない誕生日を、まずはお勧めします。

この日だけは、子どもは友だちと遊ぶ約束をせずに早く帰ってくる。お仕事している親御さんも、残業せずに帰宅するようにしましょう。

家族全員で集まって、顔を合わせて話をする機会を、1回でも多くつくってみてください。

子どもはいつまでも子どもじゃない

だんだん子どもが親の指示に従わなくなり、一人で何でもするようになると、親としてはどうしても寂しい気持ちになりますよね。

でもそれは**自立へ向かう第一歩**。大人として接してあげることが必要になってきた証でもあります。

僕が親からよく言われて心に強く残っているのは「いくつになろうが親から見ればおまえは子どもなんだよ」という言葉です。

この言葉は、大人になったいまでも心の奥でじんわりと温かく残っています。親からこの言葉を言われた子どもは、親の優しさや、いつも心配してもらえているという安心感を、心に持ち続けることができます。

みなさんも、その気持ちを子どもに伝えた上で、少しずつ一人前の大人として扱ってあげてみてはいかがでしょうか？

第 5 章

子どもの中に「折れない芯」を育てる

母と
いつも暖かく見守ってくれてありがとう

子どもへの誹謗中傷に対抗

第5章では、登録者数１６０万人超えの大人気キッズ系YouTubeチャンネル「プリンセス姫スイートTV（プリ姫）」に出演するようになってから僕自身に起きた騒動と、その顛末《てんまつ》、そしてこれからの僕について、じっくりとお伝えします。

２０１８年春から、僕はプリ姫に「もとちゃん」として登場しながら、いろいろな動画を作って配信してきました。

プリ姫は２０１３年、ひめちゃんが7歳の時にスタートしたYouTubeチャンネルです。弟の「おうくん」「パパ」「ママ」と一緒に家族で出演していて、おもちゃのレビューや寸劇などで人気が出ました。0歳から小学生までの子どもたち、その親たちが主な視聴者層となっています。

ただ人気チャンネルということもあって、誹謗中傷を繰り返してくる「アンチ」も、残念ながら多くいました。

プリ姫のアンチは、プリ姫メンバーの悪口を書く「誹謗中傷」だけでなく、自宅や学校などを特定してネットに上げる「個人情報の拡散」などもしてきました。それに加えて、ひどいケースでは、動画へのコメントや手紙などで**「殺害予告」をしてくることすらあったのです**。プリ姫メンバーは身の危険を感じ、何度も警察に相談に行かなければならないほどでした。

誹謗中傷の矛先は主に未成年のひめちゃんやおうくんに向かっていました。このままではいけないと思ったママと僕で相談をして、アンチのターゲットが僕に向かうようにすることにしました。

そして、2019年3月、「ついに！　犯罪者を見つけ出しました！『悪は許さない・・・』」という動画を公開しました。僕がわざと憎まれ役になることで、ひめちゃんとおうくんを守ろうとしたのです。

この動画では、特に悪質なアンチ8人をネットに晒《さら》しました。「晒す」と言っても、警察を介して特定したアンチの名前の最初の一文字だけを僕が読み上げ、後は「ピー音」を流したのです。

この動画が大炎上しました。

僕のことを擁護《ようご》する声もあったのですが、それもほんの一部。「嘘つき野郎」「こんなのは脅迫じゃないか」といったコメントが殺到しました。

アンチの矛先を僕に向けさせるためにやったことなので、結果的には成功とも言えるかもしれません。

でも、**それからは僕が誹謗中傷に苦しめられることになりました。**

最近は誹謗中傷による事件が多数起きています。

2020年5月、リアリティ番組「テラスハウス」に出演していたプロレスラーの木村花さんが、ネット上の誹謗中傷を苦に自殺するという悲しい出来事がありました。この事件をきっかけに、政府も「プロバイダ（接続業者）責任制限法」の改正などを検討しています。実現すれば、情報開示請求の作業が簡略化し、安い金額、短い期間で、悪口を書いた人を罰することができるようになるはずです。人々のインターネットリテラシーを高め、悪質な書き込みへの抑止力になるのではないかと期待しています。

誹謗中傷の本当の恐ろしさ

この動画をきっかけに、いままでのプリ姫メンバーに対する誹謗中傷は、僕に対して向けられるようになりました。数千件に上る悪口のコメントが送られてきたのです。それでも当初は「子どもたちを守れて良かった」と安堵《あんど》していました。

でもある日突然、僕の身体に異変が生じます。

耳が聞こえなくなる、耳鳴りやめまいがする、吐き気がするといった症状が出るようになったのです。病院に行って調べたところ「メニエール病」と診断されました。自覚はなかったのですが、どうやら精神的に追い詰められていたようです。

僕は長年、宇宙人のようなモンスターペアレントと戦ってきたし、どんなにヤンチャな子や発達障害の子にも対応してきました。メンタルは強いほうだと思っていました。

でも、絶えず寄せられてくる誹謗中傷が、気付かないうちに僕の精神を追いつめていたのです。

ネットの誹謗中傷との戦いは、モンスターペアレントとの戦いとは比べものにならないくらいのダメージを受けます。モンスターペアレントは一人一人の顔が見えるので、戦っている相手が誰なのかわかります、でも誹謗中傷は、まるで**数千の小さな虫が濃い霧となって襲い掛かってくる**ようで、払っても払っても僕にまとわりついてくる、**見えない敵**なのです。

もちろん、悪質なアンチなんかよりも、応援してくれている人のほうがはるかに多いのはわかっています。僕の場合は少し多いかもしれませんが、ネットにおけるコメント全体の中のアンチの割合は、平均で0・3%という統計もあります。

それでも、**負のオーラは正のオーラを上回ります**。

僕が小学校の頃に入っていたブラスバンドクラブの顧問の先生が、こんなことを言っていました。「おいしいシチューができ上がった瞬間に、ひとつまみの泥を入れれば、そのシチューは食べられなくなる。だから一つの音のずれで、すべてがダメになる」というものです。

これはネットのコメントにも当てはまると思います。アンチの発する負の言葉はとても強く、そればかりが目に付いてしまうのです。

いままでの社会だったら、「他人からの評価よりも、自分自身の評価が大事」と言えたと思います。人の意見に左右されることなく、確固《かっこ》たる自分を持っていれば、穏やかな心で過ごせたのです。

でもいまは違います。ネットが普及して、誰もがSNSなどで「ネット上の自分」を持つようになりました。その「自分」へは、世界中の人がアクセス可能です。自分の信念から発した言葉でも、それが誰かの気に食わず、ひとたび炎上してしまえば、世界中の人から誹謗中傷などの攻撃をされることがあるのです。

度を超えたアンチの行動

アンチに関して、よくこのように言われます。

「無視してればいいんじゃないの？」

でも、アンチの怖さは誹謗中傷だけではないのです。

まず初めに「晒し」が行われます。自宅の住所、実家の住所、家族構成までが特定され、僕の場合は写真付きでネットに上げられました。

僕が立ち上げた会社の登記簿もネット上に公開され、「HPに集中アクセスして、この会社のサーバーを落とそうぜ」なんて書き込みをされたこともあります。

被害はネット上にとどまりません。実生活でもしつこい嫌がらせを受けました。送られてくるプレゼントの中に、腐った食べ物や、ごみなどが入っていたこともありました。これは立派な犯罪行為です。

また、僕の自宅の前にマスクをした女性が待っていて、僕が通りかかると「さっさとチャンネルをやめろ！」と叫んでくる、といったこともよくありました。何がしたいのかわかりませんが、そういった細かい嫌がらせをしてくるのです。

さらには他の人を巻き込む嫌がらせもあります。YouTubeの撮影に使うホテルを特定してきて、「5チャンネル」というネット掲示板に、「みんなでここに電話して、動画の削除要請をしよう」と、そのホテルの連絡先とともに書き込みます。

すると撮影許可を取っていたホテルから、「毎日クレームが何十件も来て営業に支障が出るので、動画を削除していただけませんか」と連絡が来るのです。これまでに5、6回ほどこういったことがありました。

そんな日々を過ごすうちに、今度は不眠症と鬱病を発症しました。いまも精神安定剤を処方されています。

僕の自宅はマンションの高層階にあるので、ベランダに出て景色を眺めるのが好きなのですが、ある日ふと、**「このまま飛び降りてしまえば楽になるかも」**という気持ちが湧き始めました。気付いたら、ベランダの手すりから身を乗り出している自分がいたのです。

その時は、「何をやってるんだろう」と我に返ることができました。きっと、遺書も残さないまま自殺をしてしまう人は、こんな気持ちだったのかもしれません。

会社で苦しい思いをしている人が通勤途中、線路に転落して助けられた後にこんなことを言うそうです。「〝死のう〟というより、〝これで会社に行かないで済む〟と思ったら体が急にフラッと動いた」。

苦しくて自殺してしまう人は、**「死にたい」のではなく、「楽になりたい」と考えている**のかもしれません。

子どもをネットから守らなければいけない

YouTubeに出始めるまでは、僕は心身ともに健康が取り柄の人間でした。ネット上の見えない敵からの攻撃でここまでダメージを受けるとは、まさか思ってもいませんでした。だからこそ、**子どもがＳＮＳなどで発信をする時は、親が細心の注意を払わなければいけません。**

いまは子どもでもYouTubeやTikTok、Instagramなどで自由に投稿できますし、有名になる子も増えてきています。でもバッシングに耐えられなくなって精神的に病んでしまったり、投稿をやめてしまったりする子が大半です。

ＳＮＳではコメントの書き込みが自由なので、嫌がらせが横行しています。特にTikTokは、投稿する側も見る側も10～20代と若く、「ブス」「おまえ死ね」といった言葉が平気で書き込まれています。

そういった誹謗中傷に対して「なんでそんなことを言うんですか?」と泣きながら訴える動画を出しても逆効果です。今度はさらに趣味の悪い大人が、泣いている子どもたちの動画を面白おかしくまとめてYouTubeに上げます。このように、ネットは醜い人であふれているのです。

本当だったらもっと規制などをして、大人がコントロールするべきだと思います。

子どもたちの動画閲覧に関しては、YouTubeがアメリカの「COPPA（児童オンラインプライバシー保護法）」を2019年から適用しています。動画を投稿する側が子ども向け動画と明記したものや、YouTubeが子ども向け動画と判断したものには、パーソナライズド広告が入らないようになりました。子どもが目にするであろう動画に関しては、全世界で広告は一切入れてはいけないということになったのです。

これによって、ペアレンタルコントロールが必要な出会い系サイトやサプリメントなどの広告が、子ども向け動画には流れなくなりました。

こうした子どもに対するSNSの規制が、YouTubeやTikTokなどのコメント欄にも広がってほしいと思います。

加藤紗里さんとの騒動

僕がプリ姫を辞めることになったのは、タレントの加藤紗里さんとの騒動が原因と世間では言われています。でも本当はもっと前から辞めようと思っていました。

ひめちゃん、おうくんの教育に関することで、僕には納得がいっていないことがあったからです。ここでは詳しく書けませんが、僕は自分の信念を曲げないためにプリ姫を辞めることにしたのです。

加藤紗里さんは、僕が以前交際していた、いわゆる「元カノ」です。別れてからは連絡も取っていませんし、もちろん会ってもいませんでした。彼女は２０１９年９月に別の男性と結婚して、１週間後には別居、翌年１月に離婚しています。

２０１９年10月ごろ、加藤紗里さんから急に「YouTubeを始めたい」という相談が来て、連絡を取るようになりました。そして、友人としてYouTubeチャンネルのプラットフォームサイトを作ったり、撮った動画を編集してアップしたりするなど、僕が彼女の

YouTubeチャンネルを管理するようになりました。

確かに彼女は結婚期間中でしたが、完全に「ビジネスパートナー」というだけの関係です。それ以上のことは何もありませんでした。

それがある週刊誌に「加藤紗里、元カレと密会、不倫か?」「加藤紗里が妊娠。父親は人気YouTubeキッズチャンネルの大河内基樹?」と取り上げられ、ネットニュースにもなりました。２０２０年2月のことです。

結論から言うと、僕は加藤紗里さんの子どもの父親ではありません。それはＤＮＡ鑑定の結果、はっきりとわかっていました。

ただ、自分の子であろうがなかろうが、子どもが可愛いことには変わりありません。とにかく健康で元気に育ってほしいという気持ちから子育ての協力をしようと思い、自分の子どものように毎日全力で彼女の子どもを育てました。

僕が彼女のもとを離れる決心をしてからも、子どものことが一番気がかりでした。そこで、すぐには離れずに保健所や児相など、自治体としっかり連携しながら、ミルクの上げ方やゲップのさせ方、抱っこひもの結び方や沐浴《もくよく》のやり方など、子育てに必要なことや道具などを一つずつ教えました。彼女もそれを真剣に聞いて覚えてくれました。数カ月が経った頃には安心できる環境が整ったので、徐々に離れることにしました。

もちろんそれからも、彼女からどうしてもと連絡が来たときには駆けつけて、子どもを預かったりしました。離れた後も子育てに協力する体制は常にとっていたのです。

ただ、週刊誌によってつくり上げられたこの「スキャンダル」をきっかけに、僕への誹謗中傷はそれまで以上に殺到することになりました。

自分の正義を貫く

「それだけの誹謗中傷を受けて辛い思いをしているのなら、間違ったことをしていなくても、とりあえず謝罪すれば？」

僕のことを心から心配してくれる友人たちは、僕にこう言ってくれます。

でも、僕にはそれができません。もし**自分の中の「正義」を曲げて、プライドを捨てて謝罪をしたら、もう「本当の僕」には戻れない**と思うからです。

そうしたら、もう僕に生きている意味は残りません。苦しいのは確かです。でも、誹謗中傷に屈することで、大切な何かを失ってしまうと思います。

人間が生きていく上では、プライドが必要です。このプライドを守ることが、自己肯定感を高めることにもつながるのです。

こう考えるようになったのは、僕がもともと負けず嫌いだからでしょう。子どもの頃から、クラスのガキ大将がケンカの弱い子をいじめたり殴ったりしたら、体格差で負けるのはわかっていても、すぐにケンカをしかけていました。何度ボコボコにされても決して屈しないことで、**僕の心に「芯」ができていった**のです。

気を付けなくてはいけないのは、プライドと意地や見栄をはき違えないことです。

自分が悪いのに「頭を下げるのはカッコ悪い」と思うのは「意地」。「学歴や年収の高い自分が、なんで頭を下げなきゃいけないんだ」と考えるのは「見栄」です。

プライドを持っている人は、大切なものを守るためなら、簡単に頭を下げられます。

子どもたちにも、「カッコつけて謝らないことは、本当のプライドじゃなく、ただの意地だよ。素直に自分の非を認めることはすごく大切で、カッコいいことだよ」と言い続けてきました。僕も自分に非があった時は、真っ先に謝ります。

本当の強さとは？

「本当の強さ」については、母から学びました。

僕が小学校1年生の時、授業で母親に手紙を書く時間がありました。母からの返事には「**本当に強い人は、本当の優しさを知っている。この言葉の意味のわかる大人になってね**」と書かれていました。当時は全然意味がわからず、何を言っているのだろうと思っていました。

母は1日に1冊のペースで本を読むくらいの読書好きで、何を聞いてもすぐに答えてくれる知識が豊富な人です。そんな母を、僕はとても尊敬していました。尊敬する母の書いた手紙ですから、意味はわからなくても大切に保管しました。

ヤンキーをしていた高校時代に、「ケンカが強い人間は、本当の意味で強いと言えるのだろうか」と考え始めました。この頃から「本当に強い人は、本当の優しさを知っている」という言葉について考えるようになったのです。

そして、言葉の意味がようやく理解できたのは、ＣｏＣｏを始めて数年が経った、20代前半の頃でした。

ＣｏＣｏでヤンチャな子どもたちを見守る立場になってから、**優しさとは甘やかすことではなく、強さとは力でも威厳でもない**ということに気付きました。ＣｏＣｏで「みんな、ついておいで、受け入れてあげるよ」という気持ちになった時、この言葉の意味がわかったのです。

「本当に強い人は、本当の優しさを知っている」。母はこの手紙のことを覚えていないかもしれません。でも僕にとっては、母からもらった大切な宝物です。この言葉が、僕を支えてくれる「心の芯」になっています。

「この言葉の意味のわかる大人になってね」というひと言からも、すぐにわからなくてもいいよ、という優しさを感じます。いま、その「意味のわかる大人」になれたことが、僕にはとても嬉しいのです。

？明日は子どもの運動会、すぐにできる速く走る方法は？

速く走るためには、「地面の蹴り方」「腕の振り方」「走る姿勢」の３つがポイントです。これを覚えるだけで断然速くなります。
詳しくは下のＱＲコードから説明動画をご覧ください。

？何回やってもできない逆上がり、コツはあるの？

逆上がりも「足の振り上げ方」「身体の引き付け方」「身体の巻き付けと回転」の３つのポイントさえ覚えればすぐにできるようになります。
詳しくは下のＱＲコードから説明動画をご覧ください。

？うちの子は家でゲームばかり、これでいいの？

ゲーム自体はストレス発散や気晴らしの他に、友だちとつながるためのツールとしても役立つため、全面的に禁止はしなくてもいいと思います。大切なのは**時間を決めて、その約束を守ること**。

しっかり時間を守れる子や、中にはゲーム自体に飽きる子もいますが、ゲーム会社も本気で子どもを飽きさせない工夫をしているため、ゲーム会社と親との戦いとなるかと思います……。

また、機種によっては決まった時間で電源が切れる機能が付いていたり、ゲームによっては1日の上限以上はゲームのポイントが稼げないなどのペアレンタルコントロール機能が付いていたりします。そういった機能を上手に利用するのも一つの手でしょう。

もちろん、リアルな友だちとのつながりのほうが子どもの成長にはいいでしょう。**直接人と触れ合う機会をたくさんつくることが一番大切**です。

❓子どもを運動好きな子に育てる方法は？

親が一緒に「外で」遊ぶことが大切です！

子どもに運動のやり方を教科書どおりに教えても、子どもは「やらされている感」を持ってしまいます。そして、やる気や学習効率が下がってしまうのです。

親も仕方なしに付き合う姿勢ではダメ。遊びを通して身体を動かす楽しさを全力で伝えましょう。

子どもを本好きに育てるには？

まずは**絵本の読み聞かせ**をする。親が本を読んでいる姿を見せる。本に触れる機会を増やすことが重要です。

親が、ゲームをする、テレビを見る、スマホをいじるなどの姿ばかり見せては、子どもは本に興味を持ちません。

例えば子どもと一緒に図書館に行く日を決めて、読書の日をつくってみるのも一つの方法ではないでしょうか？

いつも兄弟ゲンカが絶えないうちの子たち……どうすればいいの？

兄弟ゲンカは成長過程に起きる正常な現象です。その際には、**親は絶対にジャッジをしてはいけません。**力の差が大きすぎるなどの危険な場合以外は、無理に止める必要もありません。よく親は、上の子ばかりを叱ってしまいますが、ちゃんとケンカの理由を2人から聞いた上で見守り、泣いてしまった場合は「よしよし」をしてあげることが大切です。

うちの子は食べ物の好き嫌いが多くて心配……直す方法は？

ほとんどの子が、親が嫌いな物は嫌いに、好きな物は好きになります。嫌いな物を無理に食べさせる必要はないと思いますが、対策としては小さいうちからいろいろな物を食べさせること。他のメニューに混ぜたり、小さく刻んだりするのも一つの方法です。

ただ、成長の過程では、食べ物を好きになったり嫌いになったりと、**食の好みは変**

化するので、よっぽどの偏食でない限りは、他の食べ物で栄養を取ればいいと思います。

最近よく聞く「モンテッソーリ教育」、本当にいいの？

モンテッソーリやシュタイナー、フレーベルなど、幼児教育法はいくつもありますが、共通しているのは「やる気を育てたり自己肯定感を育てたりすること」。そのメソッドを伝える人に力量がないと、どうしても教具に頼ってしまいます。すると、もともとある理念とはズレてしまい、やらされている指示待ちの子に育ってしまう危険もあるのです。

子どもが自分自身で育つ力を付けるためにも、きちんと、**できるできないの境界認識を、自分自身で覚えさせることに重点を置く**のが大切だと思います。

子どもから「なんで勉強するの？」と聞かれたら、なんて答えればいいの？

単純に「**考える力を付けるため**」です。もちろん知識も身に付きますが、それよりも大切な「考える力」や「応用力」を身に付けるために、勉強することが必要です。

将来勉強したことを使うかどうかではなく、可能性を広げるためや、好きなことを見つけるためにも勉強は必要なんだよ、と僕は生徒に教えてました。

子どもがいつまで経っても寝ようとしない、寝かせるためのいい方法は？

昼間になるべく身体をたくさん動かすことです。そして寝る前の儀式、ルーティンを決めて、きちんと毎日繰り返すことが大切です。

子どもの気持ちを静める方法は音楽や絵本、薄暗い部屋でゆっくりと今日あったことのおしゃべりをするなどいろいろあるので、その子に合う方法を見つけるといいと思います。

？ コンサートに行きたいけど、子どもが静かにしてくれるか心配……いい方法はある？

少しきつい答え方になってしまうかもしれませんが、子どもも一緒で大丈夫なコンサートなどでない場合、子どもが静かにしてくれる、と思うこと自体が間違いなのかと思います。コンサートに行きたい時は、子どもを静かにさせることを考えるのではなく、**預かってくれる人や施設を利用すること**をお勧めします。親のストレス発散はもちろんとても大切なので、子どもを無理に我慢させないで、親も心から楽しめる方法を考えてみてはいかがでしょうか。

？ うちの子は食べるのが大好きだけど、ちょっと太り気味かも……このままで大丈夫？

この悩み相談は特に多いので、苦労はよくわかります。食べない子を食べさせるより、食べる子を食べさせないようにするのは大変なんですよね……。欲しがる子に我慢をさせるのも可哀想だと思ってしまうのですが、方法としては、**ダラダラ食いをさせない**、**お菓子は袋ごと渡さずに分量を決めて渡す**、**主食をしっかり食べさせる**、といったものがあります。

ただ、子どもには横に太る時期と縦に伸びる時期があるので、小児科の先生から食事制限をかけられていないなら、一時期太り気味なのはそこまで神経質にならなくてもいいかと思います。

うちの子の背がなかなか伸びない、どうすればいいの?

これは親の遺伝もありますし、同じ兄弟でも伸びる子と伸びない子がいるので、**個性として受け止めてあげてください。**

もちろん、日光を浴びて外でたくさん遊ぶ、きちんと栄養を取って十分な睡眠を取る、といったことは最低限必要です。

ただ繰り返しになりますが、遺伝的要素がとても大きいので、悩まずにその子の個性として受け止めてあげることが一番大切です。

子どもにヘンな癖がある（貧乏ゆすり、爪を噛む、耳を触る……）。直したほうがいい？

そういった癖は無理に直そうとすると、逆にストレスをかけ脳に悪影響が出るという研究結果が出ています。

短期間で強制的に直すことは避けましょう。親は「愛情が足りていないのでは」とか、「何かの病気ではないのか」と心配になるかもしれません。子どもは親が思っている以上に親の表情や言動に敏感でストレスも感じるので、直接癖を指摘するよりも、**家が子どもにとって楽しい場所で親と過ごす時間が楽しい、と思える環境づくり**を心がけるほうが大切です。

学校から帰ってきた子どもの様子がヘン。ひょっとしてイジメかも……どうやって聞けばいい？

なかなか子どもはそういったことを話してくれないものですよね。本人が話してくれない時は無理に聞き出そうとせず、さり気なく「学校で嫌なことあった？」くらいの質問にとどめておきましょう。それよりも保護者同士が仲良くなって情報共有をしたり、学校との連絡を密に取ったりして、**周囲との連携で対応することが大切**です。

うちの子が学校でイジメられていると言っている。親にできることは？

まず**学校の先生に相談をすることが最優先**です。もちろん対応力のある先生ばかりとは限らないですが、それでも必ず学校に問い合わせ、事実確認を求めることが最も大切です。

周りの子はみんな塾に通っているけど、小学生のうちの子も行かせたほうがいいかなぁ？

中学受験をするならば塾に行かせる必要がありますが、特に決めていなければ親が行かせたいかどうかの判断だと思います。

これは周りがどうこうというよりは**親がどうしたいのかが大切**です。後は、もし子どもに聞いてみて行きたいと言うなら、行かせてみてはどうでしょうか。

子どもが朝起きられない……どうすればいいの？

思春期の場合はいくら寝ても寝足りないので朝が弱いのは当然ですが、小学生の場合は規則正しい生活をさせ、**寝る前にスマホやテレビなどの交感神経を刺激するものを見せずにきちんと寝かせること**で、翌朝の体調も大きく変わります。前述した寝る前の儀式やルーティンを行ってみてください。

反抗的な態度を取られた時には、どう対応すればいいの？

反抗は成長過程で必ず起こる現象で、**健康に育っている証拠**です。逆にまったく反抗しない子のほうが心配です。イヤイヤ期や小学校低学年時、思春期など、それぞれの反抗期が大なり小なり訪れます。

その時には、絶対に子どものレベルまで降りて言い合いをせず、どんな理不尽な反抗でも大人の対応で毅然《きぜん》と受け止めてあげてください。

夫が子育てに協力してくれない。どうすればいい?

家庭によって状況も考え方も違うのですが、家事をしてくれないのか、夫婦間の会話が少ないのか、教育方針が違うのかなど、さまざまな場合があると思います。ただ、自分が辛い時には、手伝ってほしいと**きちんと伝えることや話し合うことが大切**かと思います。

実際に統計では、男性は独身時と考え方や生活スタイルを変えない人が少なくないとわかっています。ただ近年は子育てに参加する男性はだいぶ増えてきています。一度ダメ元ぐらいの気持ちで話し合ってみてはいかがでしょうか。

うちの小学生の子は、女の子なのに言葉遣いが荒っぽい。直したほうがいい?

女の子の場合は中学校に上がるとさらに言葉遣いが悪くなる子も多いのですが、男の子、女の子関係なく、相手を傷付ける言葉を使った場合はきちんと注意をする必要があります。

また、**子どもは親の言葉遣いを聞いて学びます**。自分の言葉遣いも少し意識してみるのも必要かと思います。

？子どもの運動神経を良くする方法は？

遊びを通して、身体を動かす楽しさを教えることが何よりも大切です。運動神経を良くしようと気にするよりも、**身体を使う楽しさを伝える**ことを意識して、親も一緒に楽しんで遊んであげてください。

？仕事子育てに追われてイライラが止まらず子どもにきつく当たってしまう……どうしたらいい？

この場合は**一度誰かに子どもを預けて、自分だけの時間をつくってください**。子どもに当たる前に、一旦子どもから少し離れてみてください。

買い物に行ったり映画を見たりと、ガス抜きをすることはとても大切なので、無理をせずに親や親戚にお願いするのも一つの方法です。自治体の施設など公的な子育てサービスもたくさんありますので、ぜひそれらを上手に利用してください。

保育園に行きたがらず泣きます。どうしたらいいですか？

まず子どもに、**保育園が楽しい場所だと思ってもらうようにする必要があります。**そのためには親が保育園の先生とのコミュニケーションを増やすことが大切です。先生も人間ですので好き嫌いはどうしても出てしまいます。親が無愛想だと、子どもへの対応も少なからず変わってしまいます。裏技的な話になってしまいますが、親は保育士さんに対して愛想良くして、関係を良好にすることが大切です。

そして、日頃から子どもを清潔にすると、保育士さんからスキンシップをしてもらいやすくなります。大人から接してもらう機会が増えれば、子どもも「幸せホルモン」が出て健やかに育ちます。

逆に無愛想な親や、清潔感のない子どもは、どうしても先生たちと接する機会も減りがちになりますので、その辺りを意識してみるのも一つの方法かと思います。

おわりに

これまで僕は紆《う》余《よ》曲《きょく》折《せつ》を経て、波乱万丈な人生を歩んで来ました。いまはちょうど僕の人生のターニングポイントだと感じています。

僕にはもともと、大きな夢や野望はありません。でもいつも好奇心旺盛で、自分が10人いればいいのに、と思うほどやりたいことがたくさんあります。

また教師にもなってみたい。YouTubeなどの仕事を続けて、これからも子どもたちに笑顔を届けたい。家庭教師として一人一人の子どもをじっくりとみることもしてみたいし、保育士になって一日中赤ちゃんの面倒もみるのもいいかも。

こうやってやりたいことを考えてみると、みんな子どもに関わることばかりですね。僕は、**子どもの輝くような笑顔を見ることが一番好き**です。

だからこそ、いまの子育てを取り巻く日本の状況を何とかしないと、と考えています。政治家になって、もっと子どもを育てやすい社会にすることも、挑戦してみたいことの一つです。

またＣｏＣｏに戻って、学校になじめない子どもたちの居場所をつくりたいとも思っています。

まだ「これだ！」とは決まっていませんが、いずれにしても根っこの部分には「子どもが好き」という思いがあります。

「**未来人である子どもに、より良いバトンを手渡したい**」。

この想いとともに、これからも歩んでいきたいと思います。

２０２０年11月　大河内基樹

LINE 公式アカウント
（★もとちゃん★公式 LINE）

YouTube チャンネル
（クラスター DX）

もとちゃんオフィシャルサイト
https://motokidx.com/

大河内基樹（おおこうち・もとき）

通称「もとちゃん」。チャンネル登録者数160万人超えの大人気キッズ系YouTubeチャンネル「プリンセス姫スイートTV」元メンバー。

1984年、東京都大田区出身。保育士をしていた母の影響で、幼いころから子育てに関心を持つ。2005年には、学校にも家庭にも居場所のない子どもたちのための非営利団体「CoCo」を立ち上げ、10年間代表を務める。2011年帝京大学卒業、教員免許一種を取得。体育教師として、中学校、フリースクールでの勤務経験を持つ。2009年から2012年までの4年間、「大田区青少年問題協議会委員」を務め、大田区の若者に関する条例策定に有識者として携わる。

現在はYouTuber、実業家、コンサルタントとして活動。TOKYO MXの教育番組では「歌のお兄さん」として、子どもたちやお母さんたちから絶大な人気を誇る。

JASRAC 出 2010276-001

あの有名キッズチャンネルのもとちゃんが語る

心を強くする子育て

2021年1月18日　初版発行

著　者　大河内基樹
発行者　野村直克
発行所　総合法令出版株式会社
〒103-0001 東京都中央区日本橋小伝馬町 15-18
EDGE 小伝馬町ビル 9 階
電話　03-5623-5121
印刷・製本　中央精版印刷株式会社

落丁・乱丁本はお取替えいたします。

ISBN 978-4-86280-784-7
総合法令出版ホームページ　http://www.horei.com/